Tessa Randau

Die Berge, der Nebel, die Liebe und ich

Tessa Randau

DIE BERGE, DER NEBEL, DIE LIEBE UND ICH

Von einer Begegnung, die das Herz wieder öffnete

Mit Illustrationen von Ruth Botzenhardt

dtv

FSC
www.fsc.org
MIX
Papier aus verantwortungsvollen Quellen
FSC® C083411

Originalausgabe 2021
3. Auflage 2021
dtv Verlagsgesellschaft mbH & Co. KG, München

Dieses Werk wurde vermittelt durch die
Literarische Agentur Michael Gaeb

Umschlaggestaltung: buxdesign | München
Umschlagillustration und Innenillustrationen: Ruth Botzenhardt
Gesetzt aus der Sabon
Satz: Gaby Michel, Hamburg
Druck und Bindung: CPI books GmbH, Leck
Printed in Germany · ISBN 978-3-423-34998-7

Für meine drei Herzensmenschen
Mirko, Linn und Magnus

MANCHMAL
MUSS SICH ERST
DER NEBEL LICHTEN,
DAMIT WIR
VERSTEHEN

ANGEKOMMEN?

Es gibt Orte, die sind mit einer Sehnsucht verbunden. Andere mit einer Erwartung. Und manche mit einer Hoffnung. Für mich umfasste dieser Ort all das zusammen und noch viel mehr. Er war der Strohhalm, an den ich mich klammerte. Begierig sog ich die kühle Nachtluft ein, und meine Lungen weiteten sich fast schmerzvoll, so als hätten sie schon viel zu lange nicht mehr genug Sauerstoff bekommen. Es roch nach feuchtem Gras und etwas Süßem. Vielleicht waren es die filigranen rosafarbenen Blüten des Klees, den ich zu Hause immer sofort ausrupfte, sobald sich die ersten Blättchen durch die Ritzen unserer Pflastersteine kämpften. Hier wuchs er üppig zu meinen Füßen und präsentierte mir stolz seine volle Schönheit – ein Anblick, der mich aus einem unerklärlichen Grund traurig stimmte.

Der Nachthimmel über mir zeigte grauschwarze Wolken, die rastlos dahinhasteten, als hätten sie es eilig, und dabei alles Leuchten verschluckten. Nur ab und zu ließen sie eine silberfarbene Sichel erahnen, die matt hinter dem Grau hervorschimmerte. Angetrieben wurden sie von einem ruppigen Wind, der mein feines Haar zerzauste.

Fröstelnd zog ich die Pferdedecke, die ich vorhin aus unserer Hütte geholt hatte, fester um meine Schultern. Ich war leise hineingeschlichen, um Chris nicht zu wecken, hatte mir Rotwein nachgeschenkt und war dann vorsichtig über die knarzenden Dielen zu dem alten Bauernschrank gehuscht. Ich erschrak, als die Schranktür ein spitzes Quietschen von sich gab, und hielt kurz inne. Doch ich vernahm immer noch Chris' regelmäßige Atemzüge, in die sich in kurzen Abständen ein lauteres Röcheln mischte. Früher, in den ersten Jahren unserer Beziehung, hatte er noch völlig geräuschlos geschlafen, und ich fragte mich, ob wir vielleicht schon bald eines der Paare sein würden, die in getrennten Schlafzimmern schliefen, weil sie sein Schnarchen zu sehr störte. Ich musste mich auf die Zehenspitzen stellen, um die Decke aus dem obersten Fach zu holen, dann schlich ich zu dem Doppelbett, in dem Chris lag und das wir früher maximal zur Hälfte ausgefüllt hätten, weil wir immer eng ineinander verschlungen schliefen. Doch als Chris das Bett heute Nachmittag zum ersten Mal gesehen hatte, hatte er es abschätzig mit den Worten »Wie sollen wir in der engen Kiste denn gut schlafen?« kommentiert.

Ich betrachtete meinen Mann, dessen Brustkorb sich hob und senkte, mit einer Mischung aus Zärtlichkeit und Bedauern. Seine Wangen waren schlaffer als noch vor ein paar Jahren, und sein dunkelbraunes Haar, das ich immer so geliebt und gerne durcheinandergewuschelt hatte, wurde oben am Hinterkopf langsam licht. Und dennoch erinnerte er mich, wenn er schlief, an den jungen Kerl, den ich vor 22 Jahren kennengelernt hatte. Ein Gefühl tiefer Zuneigung durchströmte mich, und ich beugte mich hinab und gab ihm einen sanften Kuss auf die Wange. Dann schlich ich mich mit der Decke unter dem Arm und meinem Glas Rotwein in der Hand wieder hinaus.

Nun saß ich vor unserer Blockhütte auf der alten Bank, die nicht mehr war als ein quer durchgesägter Balken mit zwei Kanthölzern darunter, hatte die Beine hochgezogen und betrachtete den Nachthimmel. Ich spürte, wie die kleinen, rauen Fasern der Pferdedecke auf meiner Haut pikten. Doch auch wenn sie kein Vergleich war zu der weichen Teddyfleecedecke, in die ich mich an kalten Winterabenden zu Hause auf unserem Sofa kuschelte, so fühlte ich mich dennoch wohl und geborgen.

Wie gerne hätte ich jetzt neben Chris gesessen, seinen

schweren Arm auf meinen Schultern gespürt und meinen Kopf an seine Brust gelehnt. Doch er war direkt nach dem Abendbrot aufgestanden und mit den Worten »Ich bin total platt« Richtung Bad verschwunden. Kurz darauf hatte ich seine Zahnbürste gehört.

»Kommst du nicht mit ins Bett?«, fragte er, als er wenige Minuten später in Shorts und T-Shirt wieder vor mir stand. Ich versuchte, nicht enttäuscht zu sein – schließlich war Chris fünf Stunden lang Auto gefahren, und es war nachvollziehbar, dass er nun müde war. Deshalb schüttelte ich nur kurz den Kopf. »Ich will mich noch ein bisschen raussetzen.«

»Wenn du meinst.« Er gab mir einen flüchtigen Kuss auf die Wange. Dann murmelte er noch »Gute Nacht«, bevor er sich in dem leise ächzenden Bett auf die Seite rollte.

Am Nachmittag, auf dem Beifahrersitz neben Chris, hatte ich die Augen geschlossen und mir unseren ersten Abend vorgestellt: wie wir gemeinsam vor dieser Hütte sitzen, Rotwein trinken und endlich einmal wieder in Ruhe miteinander reden würden. Nicht über die üblichen organisatorischen Dinge wie den tropfenden Wasserhahn in der Küche, der dringend ersetzt werden musste, oder darüber, dass Chris noch die Anmeldung für die Klassenfahrt unserer mittleren Tochter unterschreiben musste, sondern über Dinge, die uns beide berührten und die wir kaum noch miteinander teilten, weil in unserem Alltag zu wenig Raum dafür war. Ich hatte mir ausgemalt, wie wir lachen und rumalbern würden, so wie früher bei unseren Hüttenwochenenden. Und wie er mich schließlich küssen und berühren würde und wir vielleicht nicht mehr den Weg bis ins Bett finden würden …

Doch nichts von dem war eingetroffen. Stattdessen war ich alleine, wie so oft in den letzten Jahren. Seufzend schloss ich die Augen und versuchte, mir seine Lippen auf meinen vorzustellen. Die weiche Berührung, verbunden mit dem leichten Kratzen der Bartstoppeln, die abends bereits der morgendlichen Rasur trotzten. Seinen Atem, der nach Beeren und Rotwein duftete. Seine warme Hand, die sich unter mein T-Shirt schob. Plötzlich spürte ich etwas Nasses auf meiner Stirn. Dann auf meiner Nasenspitze. Ich öffnete die Augen und sah, wie vereinzelte Tropfen aus dem grauen Nachthimmel auf mich herabfielen.

»Hoffentlich«, dachte ich, während ich nach meinem Glas griff und den Rest in einem Zug leerte, »hoffentlich sind wir hier richtig.«

DER RECHTE PFAD

»Dann geh ich eben ohne dich!«, murmelte ich, immer noch enttäuscht, schulterte meinen braunen Rucksack und trat vor die Tür. Leider half das Bild, das sich mir bot, nicht dabei, meine Stimmung wieder aufzuhellen. Im Gegenteil: Wie sehr hatte ich mich auf das Alpenpanorama gefreut. Und was sah ich? Eine undurchdringliche, trübe Suppe aus grauen Wolken und dichtem Nebel, die nicht mal erahnen ließ, dass ich in den Bergen war.

»Egal, du machst jetzt das Beste draus«, versuchte ich, mich zu motivieren. Dann nahm ich den schmalen Schotterpfad, der von unserer kleinen Blockhütte in den Wald führte.

Beim Frühstück hatte ich noch voller Begeisterung eine Wanderung ausgearbeitet: Sie führte zunächst über kleine Waldpfade bergauf, dann quer über eine große Wiese und von dort aus zu einem breiteren Wanderweg. Die letzten hundert Meter würden wir über einen steilen Hang hinaufkraxeln, um schließlich nach etwa vier Stunden oben auf dem Gipfel bei einem leckeren Picknick hoffentlich den Ausblick genießen zu können. Für den Rückweg hatte ich, etwa auf halber Strecke, noch eine kleine Verschnaufpause auf einer gemütlichen Alm eingeplant.

»Ich habe eine tolle Tour für uns rausgesucht«, hatte ich zu Chris gesagt, der neben mir an dem kleinen runden Holztisch in unserer Blockhütte saß, ebenfalls in verschiedene Karten vertieft war und zwischendurch an seinem Kaffee nippte.

Keine Reaktion.

»Schau mal, Chris, wäre das nicht eine schöne Wanderung für heute?«, fragte ich und berührte ihn am Oberarm.

Immer noch keine Reaktion.

»Erde an Christian!« Ich wedelte mit meiner Karte direkt vor seinen Augen.

»Mhm?«, brummelte er, hob den Blick und sah mich an, als hätte er vergessen, dass ich neben ihm saß.

Ich musste lachen. »Wo warst du denn gerade mit deinen Gedanken?«

»Der Bike-Park hier ist echt genial.« Chris' Augen glänzten. »Schau mal, diese Abfahrt hier zum Beispiel: fünf Kilometer Downhill mit unterschiedlichen Hindernissen. Oder diese hier, mit der Sprungschanze. Oder die schwarze Piste. Die sieht echt heftig aus.« Dann zeigte er auf das blaue Geschlängel auf der Karte vor sich. »Ich denke, ich fange heute erst mal ganz entspannt mit der hier an.«

»Wie, du willst Fahrrad fahren? Wir wollten doch wandern«, entgegnete ich vollkommen überrumpelt.

»Können wir ja auch«, murmelte Chris, wieder in die Karte vertieft. »Aber heute ist erst mal Biken angesagt.«

»Du hast doch gar kein Rad dabei«, erwiderte ich, immer noch irritiert von dem, was ich da gerade hörte.

»Brauch ich auch nicht. Im Bikepark kann man super Räder leihen, neuester Standard, top gewartet. Hatte ich in den Rezensionen im Internet gelesen. Deshalb hab ich mein Bike zu Hause gelassen und nur den Helm und die Fahrradklamotten eingepackt.«

»Du willst heute ernsthaft Fahrradfahren gehen?«, fragte ich fassungslos und spürte, wie sich all meine Vorfreude wie aufsteigender Rauch verflüchtigte. Enttäuscht biss ich mir auf die Unterlippe.

»Ja, warum denn nicht?« Chris hob fragend die Augenbrauen.

Ich fühlte, dass mein Hals rau wurde. Bemerkte Chris denn gar nicht, wie sehr seine Idee mich gerade verletzte? »Aber Radfahren kannst du doch auch zu Hause …«, versuchte ich, ihn umzustimmen.

»Eben nicht!« Über seiner Nase bildeten sich zwei

Steilfalten. »Wann hab ich da denn schon mal Zeit für mich und meine Hobbys? Außerdem gibt es hier viel bessere Abfahrten.«

»Hier geht es gerade nicht um dich und deine Hobbys, hier geht es um uns«, hätte ich ihm am liebsten an den Kopf geknallt. Aber ein Streit war das Letzte, was wir jetzt gebrauchen konnten. »Hier gibt es aber auch traumhafte Wanderwege«, hielt ich deshalb dagegen und rang mir mühsam ein Lächeln ab.

»Morgen haben wir doch auch noch Zeit zum Wandern.« Das Strahlen, das eben noch sein Gesicht aufgehellt hatte, war verschwunden.

Ich spürte, wie es in mir zu brodeln begann. »Das war aber nicht der Plan«, antwortete ich schriller und aggressiver, als ich es beabsichtigt hatte.

»Nicht *dein* Plan vielleicht«, konterte mein Mann. Auch seine Stimme klang jetzt gereizt.

»Mist, er meint das wirklich ernst«, dachte ich mit einer Mischung aus Wut und Verzweiflung. Dann sagte ich an ihn gewandt: »Komm schon, Chris, wir haben uns doch beide so sehr auf dieses Wochenende gefreut«, und legte besänftigend meine Hand auf seine, um die kippende Stimmung wieder einzufangen.

»Ja, und genau deshalb verstehe ich auch nicht, wo das Problem liegt.«

Verdammt noch mal, war das denn so schwer zu begreifen? Ich raffte meinen letzten Rest Beherrschung zusammen: »Das Problem ist, dass wir übermorgen schon wieder abreisen müssen. Da fände ich es gut, wenn wir unsere Prioritäten auf die wichtigen Dinge legen würden.«

Chris entzog mir seine Hand. »*Mir* ist Biken wichtig«, entgegnete er und verschränkte die Arme vor seinem Brustkorb.

In diesem Moment implodierte die Hoffnung, die ich in dieses Wochenende gesetzt hatte, und die Bilder, die ich mir davon ausgemalt hatte, zersprangen in Tausende kleine Splitter: Chris und ich händchenhaltend beim Wandern, so wie früher. Chris und ich auf einer urigen Hütte, intensiver Blickkontakt und Schnapsgläschen voll Enzian, die klirrend aneinanderstießen. Wir beide auf einem Gipfel, erschöpft, aber glücklich nach dem anstrengenden Aufstieg. Alles dahin. Der Feuerball kam so plötzlich, dass ich ihn nicht mehr aufhalten konnte.

»Und warum sind wir dann hier?«, schrie ich Chris an, nicht mehr fähig, die Wut zu kontrollieren. Im gleichen Moment sah ich, wie er sich innerlich von mir entfernte. Seine Gesichtszüge wurden starr und sein Blick stumpf. Es war, als hätte sich eine unsichtbare Glaswand zwischen uns geschoben.

Er schlug die Augen nieder und studierte die Karte.

Zurück blieb sein Schweigen, das zwischen uns im Raum hing.

»Hey, jetzt mach nicht wieder zu! Lass uns darüber sprechen.«

Mein Mann nippte an seinem Kaffee, ohne zu reagieren.

»Chris?!«

»Verdammt noch mal, Christian, ich rede mit dir!« Wütend sauste meine Hand auf den Holztisch nieder.

Chris zuckte zusammen und sah auf. In seinem Blick mischten sich Vorwurf und Ablehnung. »Musst du immer aus allem solch ein Drama machen?«

Sein Giftpfeil hatte ins Schwarze getroffen. »Ach, jetzt bin ich wieder schuld!« Verletzt sprang ich vom Esstisch auf. »Wofür mache ich all das hier eigentlich noch? Hat doch eh keinen Sinn mehr«, schleuderte ich zurück, gewillt, nun auch ihn zu verletzen. Dann flüchtete ich in das winzige Badezimmer, knallte lautstark die Tür hinter mir zu und ließ mich frustriert auf den

Toilettendeckel fallen. Ich hatte es so satt! – Ja, ich war laut geworden. Aber doch nur, weil Christian mir signalisiert hatte, dass ihm mal wieder alles andere wichtiger war, als Zeit mit mir zu verbringen. War das nicht der beste Beweis dafür, dass ihm unsere Beziehung

nichts mehr bedeutete? Dass *ich* ihm nichts mehr bedeutete?

Es dauerte eine ganze Weile, bis ich mich wieder beruhigt hatte und meine Wut abgeebbt war. Zurück blieben die Enttäuschung über Chris' Zurückweisung und das beschämende Gefühl, wieder einmal die Fassung verloren zu haben. Zerknirscht öffnete ich die Badezimmertür, bereit, mich für meinen Ausbruch zu entschuldigen und Chris noch einmal in Ruhe zu erklären, warum mich sein Wunsch, heute Mountainbiken zu gehen, so sehr verletzt hatte. Inständig hoffte ich, dass es uns gelang, den Tag noch zu retten. Doch als ich in den Raum blickte, war dieser leer. Ich trat zum Fenster und konnte gerade noch erkennen, wie Chris seinen Integralhelm in den Kofferraum legte. Dann stieg er in unser Auto und fuhr davon.

Fasziniert blickte ich in die Wipfel der Nadelbäume, die in gigantischer Höhe über meinem Kopf in den Himmel ragten. Etwa dreißig Minuten lang war ich nun schon einem schmalen Pfad gefolgt, der sich durch einen dichten Nadelwald bergauf schlängelte. Am Wegesrand wuchsen üppige Farne und kleine gelbe Sommerblumen, und der mit Tannennadeln bedeckte Boden war noch feucht vom Regen der letzten Nacht.

Es tat gut, endlich einmal wieder den eigenen Körper zu spüren. Die Muskeln in den Oberschenkeln, die sich bei jedem Schritt anspannten. Meinen Rücken, der zu Hause viel zu oft eine falsche Haltung einnahm und jetzt den kleinen braunen Rucksack trug. Und meine Waden, die sich schon ein bisschen schwer anfühlten, weil sie die körperliche Anstrengung kaum noch gewohnt waren. Ich öffnete den Reißverschluss meiner Regenjacke bis zur Hälfte. Als ich losgelaufen war, hatte ich ihn fröstelnd bis oben hin zugezogen, denn obwohl wir Mitte Juli hatten, war die Luft kühl und erinnerte mehr an einen Herbst- als an einen Sommertag. Doch durch das stete Bergauflaufen wurde mir langsam warm. Ich spürte, dass nicht nur mein Shirt allmählich am Rücken feucht wurde, sondern auch der harte Wutknoten in meinem Bauch sich Schritt für Schritt immer mehr auflöste.

Früher hatte ich nach einem heftigen Streit mit Chris oft geweint. Die Tränen hatten meist etwas Heilsames, trugen den Schmerz mit sich fort, und zurück blieb die Zuversicht, alles würde wieder gut werden. Mittlerweile fühlte ich mich nach einem Streit vor allem leer. Es war eine Leere, die sich ausdehnte, jedes Mal größer wurde, gleichzeitig aber auch etwas in mir zusammenzog: meinen Brustkorb eng werden ließ, sodass ich nicht genug Luft bekam, egal wie tief ich auch einatmete. Meist war sie mit einem beklemmenden Gefühl verbunden, manchmal ging mit ihr auch eine düstere Traurigkeit einher, die sich wie ein bleierner Poncho über mich legte und jeden meiner Handgriffe verlangsamte.

»Was ist mit uns passiert?«, fragte ich mich wie schon Tausende Male zuvor, während mein Blick einem kleinen Zitronenfalter folgte, der wenige Meter vor mir über dem Boden tänzelte und sich dann auf einem gelben Fingerhut am rechten Wegesrand niederließ. Ein hübsches Motiv, das ich an einem anderen Tag bestimmt mit meiner Handykamera festgehalten hätte. Doch heute war mir nicht nach Fotografieren zumute. Außerdem hatte ich mein Handy vor einer Weile ausgeschaltet. Vielleicht würde Chris ja am ehesten darüber nachdenken, wie sehr er mich mit seinem Verhalten verletzt hatte, wenn er merkte, dass Funkstille zwischen uns herrschte.

Es war wie verhext. Die Themen, über die wir stritten, und auch die Art und Weise, wie alles ablief, waren immer wieder gleich. So als hätte jemand ein Drehbuch für uns geschrieben, das wir – wie auf Knopfdruck – immer wieder durchspielten.

Von Anfang an waren wir mehr in die Kategorie »Gegensätze ziehen sich an« statt »Gleich und Gleich gesellt sich gern« gefallen. Chris, der Stille, Rationale, der nicht mehr Worte sprach als unbedingt nötig und den emotionale Themen schnell überforderten. Und ich, die Impulsive, Lebenslustige, die gerne diskutierte. Wir hatten uns auf einer Uniparty in der Mensa kennengelernt. Ich war ihm – im wahrsten Sinne des Wortes – in die Arme gestolpert. Die Party endete mit einem Kuss, der alles übertraf, was ich bis dahin gekannt hatte. Auf den ersten Blick betrachtet, waren wir nicht das ideale Paar, und auch meine Freundinnen hatten mir abgeraten. »Ihr seid zu unterschiedlich«, »Du brauchst jemanden, der mehr so tickt wie du«, hatten sie gewarnt. Doch da war etwas zwischen uns, was uns gegenseitig geradezu magnetisch angezogen hatte. Wenn Chris mich berührte, mich mit seinen grauen Augen ansah, mir verschmitzt auf seine jungenhafte Art zulächelte, war da eine Vertrautheit, die keiner Worte bedurfte. Bei ihm fühlte ich mich sicher und geborgen – er war vom ersten Tag an ein Teil meines Lebens, den ich nicht mehr missen wollte.

Ich blieb stehen, weil meine Schultern schmerzten. Offenbar hatte ich sie die ganze Zeit über hochgezogen. Irgendwo hatte ich einmal gelesen, dass dies eine typische Stressreaktion sei, die noch aus der Steinzeit herrühre. Damals sei das Schultern-Hochziehen eine überlebenswichtige Maßnahme gewesen, um den Hals bei einem Kampf zu schützen. In meinem Fall war es allerdings nur noch ein lästiges Überbleibsel, das mir ständig Nackenschmerzen verursachte. Ich setzte den Rucksack ab und ließ meine Schultern erst nach hinten, dann nach vorne kreisen.

Dann atmete ich tief ein und spürte, wie eng mein Brustkorb war. Ich nahm mir Zeit, wiederholte die Übung mehrere Male und beobachtete, wie sich bei jedem Atemzug etwas in mir löste. Das tat ich so lange, bis ich endlich das Gefühl hatte, ausreichend frische Luft eingesogen zu haben, die nach feuchter Erde, Tannennadeln und – waren es Pilze? – roch.

Ich konnte gar nicht genau sagen, wann es angefangen hatte, zwischen Chris und mir anders zu werden. Und ich konnte noch nicht einmal genau benennen, was eigentlich unser Problem war. Niemand von uns war fremdgegangen, zumindest nahm ich das stark an. Wir hatten keine Geldsorgen, die unseren Alltag überschatteten, und auch sonst war nichts Dramatisches geschehen, was unsere Krise erklärbar gemacht hätte. Es war diffiziler, weniger greifbar. Irgendwie war Chris mir immer mehr abhandengekommen. Die Nähe, die uns einmal verbunden hatte und nach der ich mich sehnte, war nicht mehr da. Wir lachten kaum noch miteinander, berührten uns nur noch selten.

Ich blieb stehen. Vor mir lag eine Kreuzung mit drei Abzweigungen. Die rote Farbe auf den Markierungssteinen war bereits so verwittert und vom Regen ausgewaschen, dass man die Zahlen der Wanderwege nicht mehr lesen konnte, und auch die Karte half mir nicht weiter. »Mist«, dachte ich. Leider waren auch keine anderen Wanderer zu sehen, die ich nach dem Weg hätte fragen können. Ich beschloss, dem kleinen, schmalen Pfad ganz rechts zu folgen, der zwischen eng stehenden Tannen, Lärchen und Fichten hindurchführte. Nur wenig fahles Licht fiel durch die hohen Wipfel der Bäume und verlieh der Umgebung eine fast mystische Aura, sodass ich das Gefühl hatte, durch den verwunschenen Wald eines Grimm'schen Märchens zu wandeln.

In den ersten Jahren unserer Beziehung hatte es keine Nacht gegeben, in der ich nicht zu Chris unter die Bettdecke gekrochen war, um eng aneinandergeschmiegt einzuschlafen. Doch dann wurde unsere zweite Tochter geboren. Ein Schreikind, das unter Koliken litt und in den ersten Lebensmonaten maximal zwei Stunden am Stück schlief. Anfangs half Chris mir noch, sie nachts singend durchs Schlafzimmer zu tragen, um sie zu beruhigen. Doch als er eines Morgens fast eine Leitplanke touchierte, weil ihn auf seiner Fahrt zur Arbeit ein Sekundenschlaf übermannte, beschlossen wir, dass es besser wäre, wenn Chris für eine Zeit lang in das Gästezimmer im Erdgeschoss zog.

Als er fünfzehn Monate später wieder ins gemeinsame Schlafzimmer zurückkehrte, versuchte ich, an die alte Gewohnheit anzuknüpfen, und kroch wieder zu ihm unter die Decke. »Heute nicht, ich brauche meinen Schlaf«, sagte Chris dann und schob mich sanft wieder weg. Anfangs protestierte ich noch, doch auch ich schlief inzwischen besser, wenn ich alleine auf meiner Matratze lag. Und so fand ich mich nach und nach damit ab, dass nur noch seine Hand zu mir rüberwanderte. Bis auch diese immer seltener den Weg zu mir fand.

Vor ein paar Monaten hatte ich mir dann ein Herz gefasst und meiner besten Freundin am Telefon von unseren Problemen erzählt. »Ich glaube, ihr seid einfach nicht mehr Paar genug«, hatte sie schließlich gesagt. »Versucht doch mal, wieder regelmäßig etwas Schönes miteinander zu machen, nur zu zweit, oder besser noch, mal alleine wegzufahren.« Daraufhin war ich auf die

Idee mit dem gemeinsamen Wochenende in den Bergen gekommen. Doch so, wie es aussah, würde uns auch das nicht weiterhelfen.

Mein rechter Schnürsenkel hatte sich gelöst. Ich ging in die Hocke, band ihn zu und machte einen Doppelknoten. Als ich wieder aufstand, musste ich eine lästige Fliege abwehren, die laut um mein rechtes Ohr herumschwirrte. Erstaunlich, wie intensiv mir ihr Brummen hier vorkam. Und auch sonst erschien mir der Wald weniger still, als ich ihn in Erinnerung gehabt hatte: Da war das Krächzen von Krähen, das aus der Ferne herüberhallte, das Zwitschern der Singvögel, die hoch oben in den Baumkronen saßen, das Sirren der Stechmücken, die wie kleine Hubschrauber um meinen Kopf kreisten. Immer wieder knackte es zaghaft im Unterholz, wahrscheinlich waren es Käfer oder anderes Kleingetier, das dort fleißig seiner Arbeit nachging und altes Holz zersetzte. Weit und breit war keine Menschenseele zu sehen. Auch kein Schild, das mir hätte Auskunft darüber geben können, ob ich noch auf dem richtigen Weg war. Irgendwie war mir ein bisschen mulmig zumute. Grundsätzlich war ich gerne mal alleine, in meinem Alltag kam das viel zu selten vor. Ständig war jemand um mich herum und wollte etwas von mir. Doch so ganz alleine mitten im Wald zu sein, war etwas anderes, als entspannt alleine zu Hause auf dem Sofa zu sitzen. Kurz überlegte ich, ob ich umkehren sollte. Doch irgendetwas in mir wollte weiter. »Okay«, dachte ich und sah auf die Uhr. »Noch 15 Minuten. Wenn ich dann nicht an der nächsten Weggabelung bin, kehre ich um.«

Natürlich wusste ich, dass Chris und ich nicht das einzige Paar waren, das Probleme hatte. So war ich auch nicht überrascht gewesen, als nach und nach die ersten Trennungen in unserem Bekanntenkreis verkündet wurden. Naiverweise aber war ich fest davon ausgegangen, dass unsere Liebe halten würde. Dass wir nicht zu den Paaren gehören würden, die sich auf der gemeinsamen Reise irgendwann aus den Augen verlören. Aber so, wie es aussah, war uns genau das passiert. Ein Gedanke, der wehtat und den ich nicht akzeptieren wollte. Und doch war sie in letzter Zeit immer häufiger da, die Angst, es nicht zu schaffen. Und manchmal auch der brennende Wunsch, alles hinzuschmeißen.

Diesen Mann zu verlassen, dem ich offensichtlich nichts mehr bedeutete. Auszubrechen. Neu anzufangen. Allein oder besser noch – mit einer neuen Liebe.

DIE STEINE DER WEISHEIT

Vor mir lichtete sich langsam der Wald, und ich konnte wieder den grauen Himmel sehen. Nach ein paar Metern erreichte ich ein kleines Plateau. Was sich dort vor meinen Augen auftat, ließ mich abrupt innehalten: Scheinbar aus dem Boden heraus wuchsen fünf mannshohe Felsquader, die in einem Kreis formiert waren. Sofort musste ich an Stonehenge denken. Vor Jahren hatte ich mal eine Dokumentation über den berühmten Steinkreis im Fernsehen gesehen. Davon, dass es hier etwas Ähnliches gab, hatte ich allerdings noch nie gehört.

Ich blickte auf die Karte, konnte diese Stelle aber nicht finden. Merkwürdig, warum war sie nicht eingezeichnet? Ich ging zwischen den Steinen hindurch, die jeweils etwa drei große Schritte voneinander entfernt waren, und strich mit der Hand über ihre Oberfläche, die sich kühl und glatt anfühlte. Vermutlich standen sie schon sehr lange hier, und Wind und Wetter hatten ihnen im Laufe der Zeit ihre Schroffheit genommen. Ich blieb vor einem der Steine stehen, um ihn mir genauer anzusehen. Er war mindestens doppelt so breit wie ich und etwa drei Köpfe größer. Was für eine Gesteinsart es wohl war? Vielleicht hätte Chris darauf eine Antwort gewusst. Auch der Boden war steinig und mit niedrigen Grasbüscheln bewachsen. Hier und da reckten ein paar Gänseblümchen ihre Köpfe hervor. »Warum seid ihr hier?«, fragte ich laut und klopfte mit meiner Hand auf einen der Quader. Sie mussten unter einer immensen Aufwendung von Kraft hierhergebracht worden sein. Irgendwie kam mir dieser Ort vertraut vor, so, als wäre ich schon einmal hier gewesen. Was aber nicht sein konnte, da ich noch nie zuvor hier Urlaub gemacht hatte.

Früher waren Chris und ich gerne gewandert. Eigentlich waren wir eher zufällig auf dieses Hobby gestoßen, als uns eine Freundin, die in der Nähe von München wohnte, zu einem Hüttenwochenende eingeladen hatte. Danach hatten wir regelmäßig die Wälder und Berge in unserer Region erobert und waren noch zweimal in die Alpen gefahren. Doch seit wir Eltern waren, hatten wir unsere Reisen komplett den Bedürfnissen unserer Kinder angepasst: Strandurlaub mit großen Pools, Kinderbuffet und Mini-Club. Seitdem waren die Berge passé, bis mir vor ein paar Wochen die Idee gekommen war, ein Back-to-the-Roots-Trip könnte im Moment vielleicht genau das Richtige für Chris und mich sein.

Ich trat in das Zentrum der Steinformation. In der

Mitte befand sich ein gewölbter, kniehoher Stein, in den mir völlig unbekannte Schriftzeichen eingemeißelt waren. Ich bückte mich und zeichnete sie mit meinem Zeigefinger nach. Plötzlich blieb mir die Luft weg. Die Traurigkeit, die ich den ganzen Vormittag über erfolgreich verdrängt hatte, kam wie eine tosende Welle zu mir zurück, schwappte über mich und ergriff mich mit voller Wucht. Ich musste weinen und setzte mich auf den Stein.

»Alles okay bei Ihnen?«, fragte eine freundliche Stimme. Ertappt zuckte ich zusammen. Als ich nach oben sah, blickte ich direkt in zwei blaue Augen. Die blauesten, die ich jemals in meinem Leben gesehen hatte. Es dauerte einen Moment, bis ich mich von ihnen lösen und erkennen konnte, zu wem sie gehörten: Vor mir stand ein älterer Mann mit kurzem Stoppelhaar und weißem Dreitagebart. Er trug verwaschene dunkelblaue Jeans und ein schwarzes Hemd mit hochgekrempelten Ärmeln.

»Danke, alles in Ordnung.« Schnell wischte ich die Tränen mit meinem Handrücken weg. »Irgendwie haben mich gerade meine Gefühle überwältigt.«

»Was haben Sie denn gefühlt?«, wollte er wissen.

Doch da war keine Neugierde, nur eine Wärme, die ich spürte.

»Ach, mein Mann und ich haben uns mal wieder gestritten, und ich frage mich, warum wir nicht glücklich sind.« Noch während ich das sagte, war ich über mich selbst erstaunt. Warum erzählte ich diesem Fremden, den ich noch nie zuvor im Leben gesehen hatte, so offen von meinem Privatleben?

»Ach, deshalb sind Sie hier.« Er nickte, als würde er genau verstehen, wovon ich sprach.

Ich betrachtete den alten Mann, die Fältchen um seinen Mund, die so aussahen, als würde er selbst Widrigkeiten im Leben mit einem Lächeln begegnen, und verspürte den Impuls weiterzusprechen. »Ja, wir wollten endlich mal wieder Zeit miteinander verbringen. So entstand die Idee, für ein langes Wochenende in die Berge zu fahren. Nur wir zwei. Alleine auf einer gemütlichen Hütte. Wie früher.«

»Nein, das meinte ich nicht.« Er schüttelte den Kopf. »Ich meinte, deshalb sind Sie hier an diesen Ort gekommen.«

»Was ist das für ein Ort?«, fragte ich ihn. »Ich konnte ihn nicht auf der Karte finden.«

»Früher, in alter Zeit, glaubten die Menschen, dies sei ein magischer Ort. Deshalb ranken sich zahlreiche Legenden um diese fünf Steine.« Der alte Mann zwinkerte mir zu. »Wollen Sie meine Lieblingsgeschichte hören?«

»Sehr gerne.«

»Man sagt, dies seien die fünf Steine der Weisheit. Wer eine ungeklärte Frage mit sich herumträgt, der soll an diesen Ort kommen und sich ins Zentrum setzen, genau dort, wo Sie gerade sind. Und dann sein Herz öffnen und die Frage loslassen. Die Steine würden ihm dann die Antwort geben.«

»Klingt schön«, sagte ich und seufzte. »Ich könnte nämlich eine Antwort auf meine Frage wirklich gut gebrauchen. Denken Sie, das funktioniert?«

Er lachte. Ein tiefes, warmes Lachen, das direkt aus seinem Bauch zu kommen schien. »Ein Körnchen Wahrheit liegt doch meist in solchen Legenden. Tatsächlich habe ich hier schon einige Antworten gefunden.«

»Wirklich?« Ich strich mit der Hand über den glatten Stein, auf dem ich saß, und spürte die Einkerbungen, die sich darin befanden. »Wissen Sie, was diese Inschrift bedeutet?«

»Mhm«, brummte er und runzelte nachdenklich die Stirn, »auch da sind sich die Leute uneinig. Bis heute weiß man nicht genau, was für eine Schrift das eigentlich ist. Manche sagen, die Zeichen seien noch älter als die Runen der Germanen, sozusagen die Vorstufe, aus der sich die germanischen Zeichen entwickelt haben sollen. Andere meinen, es sei eine unbekannte Geheimschrift. Aber ich denke, die Überlieferung, die mein Großvater mir erzählt hat, passt ganz gut.«

»Und?«, fragte ich gespannt und spürte, wie mein Herz ein kleines bisschen schneller schlug. »Was bedeutet es?«

»Hört, seht, fühlt – und ihr werdet verstehen.«

»Oh«, sagte ich überrascht. »Klingt interessant.« Dann schwieg ich, um die Worte auf mich wirken zu lassen. Doch bevor es mir gelang, sie zu deuten, tauchte ein Gedanke auf, den ich eben zur Seite geschoben hatte.

»Mit welcher Frage sind Sie hierhergekommen?« Wieder war ich überrascht über meine Direktheit. Denn normalerweise verbot es mir meine Erziehung in puncto Höflichkeit, wildfremde Menschen beim ersten Gespräch mit intimen Fragen zu überfallen. Doch nicht nur dieser Ort, sondern auch der ältere Mann erschien mir auf seltsame Art und Weise vertraut. So, als würden wir uns schon sehr lange kennen.

»Wollen Sie das wirklich wissen?«

»Ja, wenn es Ihnen nicht zu persönlich ist.«

»Keineswegs«, erwiderte er und lächelte mich offen an, als wäre es auch für ihn ganz selbstverständlich, mit mir über alles sprechen zu können. »Würde es Ihnen etwas ausmachen, wenn ich mich neben Sie setze?«, fügte er dann hinzu. »Meine alten Knochen werden beim längeren Stehen immer ein bisschen steif.«

»Nein, natürlich nicht«, antwortete ich und rückte zur Seite. »Sehr gerne.«

Er nahm neben mir Platz, und ich spürte eine angenehme Wärme, die von seinen breiten Schultern ausging.

»Nun ja«, räusperte er sich, »auch bei mir drehte es sich damals um die Liebe. Ich bin hierhergekommen, als sich meine Frau von mir getrennt hat.«

»Oh, das tut mir leid«, sagte ich und biss mir verlegen auf die Unterlippe. Vielleicht war das Thema doch zu privat.

»Das muss es nicht«, wischte er meine Bedenken beiseite und lachte, »das ist schon sehr lange her.«

»Und dann?«

»Bin ich hierhergekommen und habe nach Antworten gesucht. Einige habe ich schnell gefunden, bei anderen hat es eine ganze Weile gedauert. Aber«, er machte eine kurze Pause und sah mich eindringlich mit seinen blauen Augen an, »irgendwann habe ich dann endlich den Schlüssel gefunden.«

»Den Schlüssel?«

»Den Schlüssel, wie alles zusammenhängt. Warum es in der Liebe so oft schiefläuft und was wir beachten müssen, um glücklich zu sein.«

Nun war ich perplex. Mit solch einer Antwort hatte ich nicht gerechnet. »Sie glauben wirklich, es gibt einen Schlüssel für das Geheimnis der Liebe?«

»Ich glaube es nicht, ich weiß es. Denn nachdem ich alles verstanden hatte, habe ich eine sehr glückliche Ehe geführt.«

»Mit einer anderen Frau?«

»Nein, meine Frau und ich haben wieder zueinandergefunden.«

»Wie schön«, freute ich mich für den alten Mann. Dann seufzte ich sehnsuchtsvoll. Wie gerne würde ich das Gleiche auch über mich und Chris sagen können. Denn obwohl wir immer noch ein Paar waren, hatte ich doch oft das Gefühl, dass wir gar nicht mehr wirklich zusammengehörten.

»Was ist der Schlüssel? Verraten Sie es mir?«

Er antwortete lächelnd: »Das habe ich bereits.« Dann stand er auf und streckte seine Glieder.

»Jetzt wollen Sie mich aber auf den Arm nehmen«, entgegnete ich verdutzt.

»Nein, ganz und gar nicht.« Er lachte. »Sie sitzen drauf.«

»Um ehrlich zu sein, verstehe ich nicht, wie Sie das meinen«, sagte ich, nachdem ich eine Weile über seine Worte nachgedacht hatte. Der alte Mann, der währenddessen langsam und bedächtig um die Steinformation herumgeschritten war, blieb stehen und sah mich an.

»Worum ging es denn bei dem Streit mit Ihrem Mann?«, fragte er, ohne näher auf meine Worte einzugehen.

»Ach, irgendwie sind es immer die gleichen Themen. Ich wollte so gerne mit ihm wandern, aber er hat mal wieder nur an sich gedacht.«

»Inwiefern?« Ehrliches Interesse spiegelte sich in seinem Blick und machte es mir leicht weiterzusprechen.

»Er wollte unbedingt Montainbiken gehen. Dabei sind wir doch extra hierhergekommen, um Zeit miteinander zu verbringen.« Ich spürte, wie meine Augen wieder feucht wurden. »Ich glaube, ich bin ihm inzwischen völlig egal.« Während ich die Worte aussprach, fühlte ich einen tiefen Stich in meinem Herzen. Ich kramte ein Taschentuch aus meiner Jackentasche, trocknete meine Augen und schnäuzte die Nase. »Und dann, wenn ich etwas Kritisches sage, tut er auch noch so, als sei er völlig im Recht, und ist beleidigt. Er gibt mir ständig das Gefühl, nicht okay zu sein.«

»Das tut mir leid.« Mitfühlend ruhten seine blauen Augen auf mir.

Ich schniefte und griff erneut zu meinem Taschentuch.

»Kommen Sie.« Er trat auf mich zu und streckte mir seine kräftige Hand entgegen.

»Wohin?«, fragte ich verwundert.

»Wir machen eine Wanderung. Ich will Ihnen etwas zeigen.«

Ohne weiter zu überlegen, ergriff ich seine Hand. Im selben Moment bahnte sich ein zarter Lichtstrahl durch die graue Wolkendecke und ließ die dunklen Steinquader violett leuchten.

VIER BOTSCHAFTEN UND VIER OHREN

Wir folgten einem schmalen Pfad, der weiter bergauf führte. Der Boden war uneben und durchzogen von den knorrigen Wurzeln unzähliger Nadelbäume, deren hohe Wipfel über unseren Köpfen thronten. Um nicht zu stolpern oder gar auf den feuchten Wurzeln auszurutschen, hatte ich meinen Blick achtsam auf den Boden geheftet und folgte schweigend dem alten Mann. Normalerweise empfand ich es als äußerst unangenehm, wenn in Gegenwart eines Fremden Stille einkehrte. Dann kam es mir so vor, als wäre ich dem anderen schutzlos ausgeliefert, so als wäre ich nackt und als könnte er durch mich hindurch ins Innere meiner Seele blicken und all meine Ängste, Makel und Schwächen sehen. Um dieses bedrohliche Gefühl gar nicht erst aufkommen zu lassen, plapperte ich meist wild drauflos, sprach über das Wetter oder andere Belanglosigkeiten, fieberhaft darum bemüht, den Raum zwischen mir und dem anderen zu füllen. Alles war besser als diese Blöße, vor der ich mich so sehr fürchtete. Doch diesmal bereitete mir die Stille kein Unbehagen. Im Gegenteil, sie tat gut. Statt Distanz spürte ich ein enges Band der Verbundenheit, die keiner Worte bedurfte. So nutzte ich die Stille, um meinen Gedanken nachzuhängen. Irgendwie hatte die ganze Situation etwas Unwirkliches. Der Steinkreis, der alte Mann, die Wanderung. Als würde ich das alles nur träumen. Doch gleichzeitig fühlte sich alles sehr real an. Die würzige Luft, die nach Tannenharz roch und bei jedem Atemzug meine Lungen füllte. Der unebene Waldboden, den ich bei jedem Schritt un-

ter meinen Füßen spürte. Das Zwitschern der Vögel, das von den Baumwipfeln herab an meine Ohren drang. Es war schon lange her, dass ich mich so aufnahmefähig, so lebendig gefühlt hatte. Manchmal rauschten Tage, ja Wochen an mir vorbei, die weniger Eindruck hinterließen als die vergangenen Minuten. So als würde mich sonst ein Filter umgeben, der alle Farben, Töne und Gefühle dämpfte, nun aber verschwunden war.

Nachdem wir eine ganze Weile gelaufen waren und

den Wald hinter uns gelassen hatten, kamen wir an eine Wiese, deren Halme mir bis über die Knie reichten. Auf ihr blühten verschiedenste Sommerblumen, die wie bunte Farbkleckse zwischen dem Grün hervorstachen. Ein kleiner Bach durchschnitt die Wiese und gurgelte munter Richtung Tal.

»Wie hübsch!«, rief ich entzückt aus.

Der alte Mann drehte sich zu mir um, und ein Lächeln breitete sich auf seinem Gesicht aus. »Lust auf eine kurze Erfrischungspause?«

»Unbedingt«, sagte ich und lief zu dem kleinen Bach hinüber. Dort ging ich in die Hocke. Das Wasser war glasklar. Der alte Mann gesellte sich zu mir, tauchte seine Hand ein und trank ein paar Schlucke. »Probieren Sie auch mal«, forderte er mich auf.

Auch ich ließ meine Hand durch das eiskalte Nass gleiten, führte sie zum Mund und kostete. »Mhm, wie erfrischend«, sagte ich begeistert. »Da kann unser Leitungswasser zu Hause wirklich nicht mithalten.« Ich nahm meine Trinkflasche, die schon fast leer war, aus dem Rucksack, füllte sie wieder auf und löschte meinen Durst.

»Wollen wir noch ein bisschen bleiben?«, fragte der alte Mann.

»Sehr gerne«, antwortete ich, und wir setzten uns nebeneinander auf die Wiese. Für einen kurzen Moment schloss ich die Augen. »Wie schön das Plätschern und

Gurgeln klingt«, bemerkte ich, als ich sie wieder öffnete, »fast wie Musik.«

»Stimmt«, bestätigte er und lächelte. »Die Natur verstehen wir meist viel besser als die Menschen.« Dann wurde sein Blick ernster. »Wie klingt es denn, wenn Ihr Mann etwas zu Ihnen sagt?«

»Na ja, kommt drauf an, was er sagt«, antwortete ich etwas überrumpelt.

»Denken Sie doch noch mal an Ihren Streit.«

»Mhm, ich weiß nicht mehr so genau …«

»Versuchen Sie, sich daran zu erinnern«, bat der alte Mann.

Wieder schloss ich die Augen, um die Szene in meinem Kopf lebendig werden zu lassen. »Er war unfreundlich, sehr abweisend. Seine Worte haben mir wehgetan«, erklärte ich dann.

»Was hat er denn gesagt?«, wollte der alte Mann wissen.

»Er hat mir von den Moutainbike-Pisten erzählt, die er sich rausgesucht hat. Und als ich ihn darauf hingewiesen habe, dass wir doch zum Wandern hierhergekommen sind und Prioritäten setzen müssen, weil wir nur wenig Zeit haben, meinte er: ›*Mir* ist Biken wichtig.‹«

»Warum hat Sie das verletzt?«

»Na, weil er damit doch ganz klar gesagt hat, dass er nichts mit mir machen möchte. Dass ihm das Mountainbiken wichtiger ist, als ich es bin.«

»Hat er das wirklich?« Der alte Mann sah mir fest in die Augen.

»Nun ja, vielleicht nicht wortwörtlich.« Ich fühlte mich ertappt. »Aber zwischen den Zeilen schon.«

»Wissen Sie, das mit dem Hören ist so eine Sache. Es gibt nämlich nicht nur ein Ohr, auf dem wir hören können, sondern gleich vier.«

»Wie meinen Sie das?«

»Nun ja, wenn wir miteinander reden, übermitteln wir nicht nur Worte, sondern jedes Mal auch vier Botschaften.«

»Was für Botschaften?«, fragte ich erstaunt.

Der alte Mann stand auf und sah sich um. Dann ging er ein paar Schritte, bückte sich und pflückte eine Blume. Nachdem er noch drei weitere gepflückt hatte, kam er zurück und setzte sich wieder neben mich.

»Lassen wir doch mal die Blumen sprechen«, sagte er grinsend. »Jede steht für eine Botschaft. Diese hier«, er überreichte mir eine rosafarbene Kleeblüte, »steht für die *Sachinformation*, die in jeder Aussage steckt. Denn jeder, der etwas sagt, möchte dem anderen Fakten mitteilen.«

»Okay«, murmelte ich und nahm den Klee entgegen.

»Das hier«, er gab mir ein Gänseblümchen, »ist die *Selbstinformation*. Jeder, der spricht, sagt dabei auch etwas über sich aus, zum Beispiel durch seine Körpersprache.«

»Diese«, er reichte mir eine gelbe Blume, deren Namen ich nicht kannte, »ist der *Beziehungshinweis*. Während der andere mit uns redet, verrät er uns gleichzeitig, wie er zu uns steht. Das vermittelt er meist über Gestik, Mimik und Tonfall.«

»Und zuletzt«, der alte Mann hielt eine lila Blüte in die Höhe, »haben wir noch den *Appell*. Der andere möchte mit seinen Worten etwas Bestimmtes erreichen.« Er übergab mir auch diese Blume.

»Verstehe«, sagte ich, während ich die Worte des alten Mannes in meinem Kopf sortierte. Dann fasste ich sie noch einmal zusammen: »Jeder, der mit uns spricht, übermittelt uns eine Sachbotschaft, sagt etwas über sich und unsere Beziehung aus und möchte uns zu etwas auffordern.« Ich roch an dem Sträußchen in meiner Hand, das nur dezent duftete. »Aber«, fragte ich dann, »was hat das alles mit vier Ohren zu tun?«

»Wir können das, was der andere uns sagt, auch auf vier Weisen wahrnehmen, sozusagen auf vier unterschiedlichen Ohren hören. Und dabei geht nicht selten etwas schief.«

»Ach so«, sagte ich verblüfft.

»Sollen wir mal gemeinsam versuchen, die vier Botschaften Ihres Mannes zu entschlüsseln?«, schlug der alte Mann vor.

»Sehr gerne«, stimmte ich zu.

»Was, glauben Sie, könnte der Satz ›*Mir* ist Biken wichtig‹ auf der Sachebene bedeuten?«

»Dass mein Mann gerne Mountainbike fährt und ihm dieses Hobby wichtig ist.«

»Klingt einleuchtend«, sagte er und nickte. »Und was hat Ihr Mann in diesem Moment über sich selbst und über Ihre Beziehung preisgegeben? Wie waren zum Beispiel seine Gestik, Mimik und seine Körperhaltung?«

Wieder schloss ich die Augen und versuchte, mich zu erinnern.

»Als er mir von den Pisten erzählte, hat er sich nach vorne über die Karten gebeugt. Er war voller Begeisterung, hat gelächelt, und seine Augen glänzten. Als ich ihn daran erinnerte, dass wir zum Wandern hergekommen sind und Prioritäten setzen müssen, verschwand sein Lächeln. Er entzog mir seine Hand und verschränkte die Arme.«

»Was könnte das bedeuten?«

»Erst war er glücklich und offen mir gegenüber. Doch als ihm klar wurde, dass ich seine Mountainbike-Pläne durchkreuzen wollte, war er enttäuscht und ging auf Distanz.«

»Was, glauben Sie, war sein Appell?«

Ich betrachtete die Blumen in meiner Hand und spürte wieder den Schmerz, den Chris' Worte heute früh bei mir ausgelöst hatten. Verstanden hatte ich: »Du bedeutest mir nichts mehr. Biken ist mir wichtiger, als Zeit mir dir zu verbringen.« Aber hatte Chris das wirklich sagen wollen? Oder hatte ich es nur so wahrgenommen? Konnte es sein, dass ich mich von ihm abgelehnt gefühlt hatte, obwohl es bei dem Dialog gar nicht um uns als Paar gegangen war?

»Ich bin mir nicht ganz sicher«, antwortete ich schließlich. »Aber ich schätze, sein Appell war: ›Ich möchte heute Mountainbike fahren. Bitte akzeptiere das.‹«

Der alte Mann nickte abermals. »Und hat er an irgendeiner Stelle kommuniziert: ›Du bist mir nicht wichtig.‹?«

»Nein«, erwiderte ich und ließ die Hand mit dem Blumenstrauß kraftlos in den Schoß sinken.

»Wieso hat es sich für Sie dennoch so angehört?«

»Vielleicht, weil ich nur auf dem Beziehungsohr zugehört habe?«

Der alte Mann lächelte verständnisvoll.

»Wie haben Sie dann reagiert?«

»Ich bin wütend geworden.«

»Und er?«

»Hasst es, wenn ich laut werde. Dann zieht er sich

komplett zurück, und es fühlt sich so an, als ob er gar nicht mehr da wäre.«

»Wie ist das für Sie?«, hakte der alte Mann nach.

»Schrecklich. Ich werde dann noch wütender und fange an zu schreien.«

Nachdenklich wiegte er den Kopf. »Ist das eher die Ausnahme?«

»Nein«, antwortete ich beschämt und spürte einen unangenehmen Druck in meinem Bauch, »so laufen unsere Konflikte eigentlich immer ab.« Der Knoten, der während meiner Schilderung des Streits mehr und mehr angewachsen war, saß jetzt wie eine feste schwarze Faust hinter meinem Bauchnabel.

»Lassen Sie uns weitergehen«, schlug der alte Mann vor und erhob sich. Dann bot er mir abermals seine warme, starke Hand an und zog mich hoch.

VON TISCHEN, FLIEGEN UND REALITÄTEN

Diesmal folgten wir keinem Pfad, sondern stiegen über eine freie Fläche aus Gras, Blumen und Geröll nach oben. Hin und wieder begegneten wir vereinzelten Wanderern, die uns freundlich zunickten oder »Grüß Gott« murmelten. Inzwischen war es fast Mittag, doch der Himmel war immer noch so grau und wolkenverhangen, dass es kaum möglich gewesen wäre, die Tageszeit anhand der Helligkeit zu schätzen. Obwohl das Sonnenlicht fehlte, hatte sich die Luft erwärmt, weshalb ich meine Regenjacke nach unserer Rast am kleinen Bach ausgezogen und um meine Hüften gebunden hatte.

Wie es Chris wohl ging? Ob er ab und zu an mich dachte und unseren Streit inzwischen bedauerte? Vermutlich nicht. Ich seufzte. Wahrscheinlich war er komplett in seiner Mountainbike-Welt abgetaucht und hatte alles um sich herum vergessen.

Ein heftiges Knurren in meinem Magen unterbrach meine Gedanken. »Ich könnte eine Stärkung vertragen«, sagte der alte Mann fast zeitgleich und drehte sich zu mir um. »Wie sieht es mit Ihnen aus?«

»Ich habe einen Bärenhunger«, gab ich lachend zu.

»Das trifft sich gut. Nicht weit von hier ist eine Alm. Wollen wir dort einkehren?«

»Ich bin dabei!«

Etwa fünfzehn Minuten später erreichten wir eine kleine Holzhütte mit einer großen Außenterrasse. Die meisten Tische und Bänke waren noch frei, und so setzten wir uns an einen rustikalen Vierertisch mit Blick ins Tal. Am Hang, der schräg von der Terrasse abfiel, graste oben eine braun-weiß gescheckte Kuh. Etwas weiter unten hatten sich zwei ihrer Artgenossinnen niedergelassen und dösten genüsslich vor sich hin. Nur hin und wieder zuckten sie mit den Ohren, um lästige Fliegen zu vertreiben.

Wie ich diese Idylle in den Bergen liebte! Nur, dass etwas Entscheidendes fehlte – Chris! In meiner Fantasie hatte ich mich schon auf einer Terrasse wie dieser mit ihm sitzen sehen, verliebt aneinandergekuschelt, wie früher, in den ersten Jahren unserer Beziehung.

Eine junge Frau, vollschlank, mit schmuckem Dirndl, kam aus der Hütte und trat an unseren Tisch. Mit einem freundlichen »Bittschön« reichte sie uns zwei Karten.

»Der Kaiserschmarrn hier schmeckt köstlich! Den kann ich nur empfehlen«, sagte der alte Mann.

»Klingt großartig. Etwas Süßes wäre jetzt genau das Richtige.«

»Was denken Sie?«, fragte mich der alte Mann, nachdem wir bestellt hatten. »Was würde Ihr Mann sagen, wenn er jetzt neben mir säße? Wie würde er mir Ihren Streit schildern?«

»Na ja, bestimmt ganz anders als ich«, erwiderte ich und spürte, wie direkt wieder Wut in mir hochstieg. »Er verdreht gerne mal die Realität. Er wirft mir immer vor, dass er mir nichts recht machen kann, egal wie sehr er sich auch anstrengt. Er tut so, als wäre er das Opfer in unserer Beziehung.« Die letzten Worte stieß ich so heftig hervor, dass ich darüber erschrak, wie verbittert meine Stimme dabei klang.

»Das ist sicherlich sehr kränkend«, sagte der alte Mann und legte seine Hand tröstend auf meinen Arm. Seine ehrliche Anteilnahme ließ meine Wut wieder abebben.

»Haben Sie Lust auf ein kleines Experiment?«, fragte er dann und lächelte.

»Okay, warum nicht?«, stimmte ich zu.

»Was ist aus Ihrer Sicht die Realität?«

»Auf unseren Streit bezogen?«

»Nein, ganz allgemein.«

»Puh«, überlegte ich und strich eine Haarsträhne, die mir ins Gesicht gefallen war, zurück hinters Ohr. »Das ist gar nicht so einfach.« Ich betrachtete die grasende Kuh und dachte nach. »Ich denke, die Realität ist alles, was wir sehen und was um uns herum passiert.«

»Würden Sie sagen, dieser Tisch hier ist real?«, fragte der alte Mann und strich mit der Hand über die Tischplatte.

»Ja klar.«

»Würde es Ihnen etwas ausmachen, den Tisch kurz zu beschreiben?« Seine blauen Augen sahen mich auffordernd an.

»In Ordnung«, willigte ich ein, auch wenn ich mir im Moment noch keinen Reim darauf machen konnte, was er damit bezweckte. Dann betrachtete ich den Tisch ganz genau. »Die Tischplatte ist rechteckig und aus dunkelbraunem Holz gefertigt«, begann ich. »Sie besteht aus vier verschraubten Holzplanken, deren Oberfläche schon ziemlich verwittert ist. Die Platte liegt auf zwei massiven Stützen auf, die unten mit einer Strebe verbunden sind. Außerdem ist der Tisch etwa hüfthoch.«

»Sehr präzise zusammengefasst.« Er nickte anerkennend. »Aber angenommen, eine Fliege würde sich jetzt auf diesem Tisch niederlassen. Wie würde sie ihn wohl beschreiben?«

Jetzt ahnte ich, wo der Hase im Pfeffer lag. »Das kann ich Ihnen leider nicht sagen, denn ich habe kein Facettenauge.«

Der alte Mann schmunzelte. »Was aber nun ist echt? Das, was Sie sehen, oder das, was die Fliege wahrnimmt?« Er machte eine kleine Pause. »Wer von Ihnen beiden sieht die Realität?«

»Ihr Wasser«, sagte in diesem Moment die junge Bedienung, die wieder an unseren Tisch getreten war und eine große Flasche mit zwei Gläsern vor uns hinstellte. Erschrocken zuckte ich zusammen. Ich war so sehr in das Gespräch vertieft gewesen, dass ich sie gar nicht hatte kommen hören.

Der alte Mann bedankte sich bei ihr, ergriff die Flasche und schenkte uns ein. »Zum Wohl«, sagte er dann, nickte mir zu und trank. Ich nahm ebenfalls einen

Schluck, in Gedanken immer noch bei seinen letzten Worten.

»Keiner von uns sieht die Realität«, antwortete ich schließlich.

»Und warum nicht?«

»Weil es *die* Realität gar nicht gibt.«

»Genau so ist es! Es gibt nicht nur die *eine* Realität, sondern unzählige Realitäten, die nebeneinander existieren. So viele, wie es Individuen auf diesem wunderschönen Planeten gibt. Denn keine zwei Lebewesen sehen, hören und empfinden absolut gleich.«

Ich schwieg und betrachtete die Tischplatte. Das Gesagte musste ich erst einmal sacken lassen.

»Sie glauben also, jeder Mensch lebt in seiner eigenen Realität?«

»Ja, denn jeder von uns reist mit Gepäck durchs Leben. Mit einem Koffer voller Dinge, die wir immer bei uns haben und die alles, was wir erleben, beeinflussen.« Wieder griff er zu seinem Wasserglas und trank einen Schluck.

»Ein Koffer, der unsere Erfahrungen beinhaltet?«

»Auch die, aber noch viel mehr: alles, was uns ausmacht, unsere Erziehung, unsere Charaktereigenschaften, unsere Fähigkeiten … und unsere Gene.«

»Wenn Chris sich als Opfer fühlt, dann ist das also seine Realität«, folgerte ich und musste schlucken.

»Ja, er empfindet es so.«

»Aber trotzdem stimmt das doch nicht«, entgegnete ich trotzig. »Ich will ihm doch gar nichts Böses.«

»Oh, da kommt ja schon unser Essen«, sagte der alte Mann strahlend, als die Bedienung mit zwei herrlich duftenden Tellern herbeigeeilt kam. »Lassen Sie es sich schmecken«, fügte er hinzu und griff zu seinem Besteck. »Ich denke, eine kleine Pause wird uns guttun.«

Während wir schweigend unseren Kaiserschmarrn aßen, ließ ich mir unser Gespräch noch einmal durch den Kopf gehen. Wie oft hatte ich im Streit angenommen, dass ich die Dinge richtig sah. Dass ich im Recht war und Chris nicht. Natürlich hatte ich mich, nachdem wir uns wieder vertragen hatten, manchmal auch in seine Lage versetzt und versucht, den Konflikt aus seiner Perspektive zu betrachten. Doch an meiner Überzeugung, dass ich im Recht war, hatte das meist nichts geändert. Ich musste an den Kampf denken, den wir fast ein Jahr lang jedes Wochenende ausgefochten hatten, als wir noch keine Eltern waren und eine Fernbeziehung führten. Ich hatte mir immer gewünscht, dass Chris mich vom Bahnhof abholen würde, weil ich mich so sehr auf ihn freute und es kaum erwarten konnte, ihn zu sehen. Doch Chris, der das Getümmel auf Bahnhöfen hasste, hatte sich meist dagegen gesträubt und mich gebeten, ein Taxi zu nehmen. Ich war jedes Mal aufs Neue gekränkt, weil ich es als wahnsinnig lieblos empfand, dass er nicht gewillt war, für mich über seinen

Schatten zu springen. Jetzt dämmerte mir, dass er mich damals vielleicht als genauso lieblos empfunden hatte, weil ich seine Abneigung gegen Bahnhöfe nicht ernst nahm. Gab es hier gar kein Richtig und Falsch, sondern nur zwei unterschiedliche Bedürfnisse, die gleichberechtigt nebeneinanderstanden?

»Omi, darf ich eine Limo haben?«, stahl sich ein helles Stimmchen in meine Gedanken. Ich blickte mich um und sah, dass es zu einem kleinen, vielleicht vier Jahre alten Mädchen mit niedlichen Pausbäckchen gehörte, das neben einer alten Dame mit weißem Pagenkopf an unserem Nachbartisch saß.

»Nein, Luise«, antwortete diese mit strenger Miene. »Limo ist pures Zuckerwasser, und Zucker ist ungesund.«

»Ach bitte, Omi, nur eine.« Luise sah ihre Oma flehend mit ihren blauen Kulleraugen an.

Doch ohne Erfolg. »Nein, habe ich gesagt«, erwiderte die alte Frau verärgert, und ihre Gesichtszüge verhärteten sich. »Und jetzt ist Schluss, ich will nichts mehr davon hören.«

»Bitte, bitte, Omi«, bettelte Luise, »Limo ist doch sooo lecker!« Doch ihre Großmutter beachtete sie nicht mehr. Die alte Dame tat, als wäre die Kleine unsichtbar, und schien durch sie hindurchzublicken.

Plötzlich spürte ich, wie sich ein eisiger Ring um mein Herz legte.

»Und, mögen Sie den Kaiserschmarrn?«, fragte der alte Mann und hob interessiert die Augenbrauen.

»Danke«, antwortete ich und lächelte, »er schmeckt wirklich fantastisch.«

Dann wandte ich mich wieder meinem Teller zu, und wir aßen schweigend weiter. Doch das Gefühl von Kälte, das mich eben ergriffen hatte, ließ mich die ganze Zeit über nicht mehr los.

DAS GESETZ DER BERGE

»Welchen Weg sollen wir nehmen?«, fragte mich der alte Mann ein paar Minuten später. »Diese Route führt über gut begehbares Gelände«, er deutete auf eine zerschlissene Karte in seiner Hand, die ihn offensichtlich schon oft begleitet hatte, »und diese hier über einen Klettersteig. Alles, was wir dafür brauchen, ist hier drin.« Er bückte sich und klopfte auf seinen Rucksack, den er zwischen den Füßen abgestellt hatte. »Der Klettersteig ist allerdings nichts für Anfänger, dafür muss man schon ein bisschen Erfahrung mitbringen.«

»Ich würde gerne den Klettersteig nehmen«, antwortete ich, ohne zu zögern. Auch Chris und ich hatten früher schon gemeinsam die eine oder andere Kletterpartie gewagt, und ich erinnerte mich noch gut an die wunderbare Mischung aus Stolz und Erleichterung, die ich jedes Mal danach empfunden hatte, weil ich mich aus meiner Komfortzone herausgewagt hatte.

»In Ordnung«, sagte der alte Mann und packte die Karte ein. Dann brachen wir wieder auf. Der Wald hatte sich in dieser Höhe bereits weitgehend zurückgezogen und einer freien Fläche Platz gemacht. Die letzten Nadelbäume, die wie hutzelige kleine Männlein aussahen, deuteten an, dass wir die Baumgrenze bald erreichen würden.

»Wie wär's, hätten Sie Lust, mir ein bisschen über sich und Ihren Mann zu erzählen?«, fragte der alte Mann.

»Was würden Sie denn gerne wissen?«

»Wann und wie Sie sich kennengelernt haben, zum Beispiel.«

»Okay«, antwortete ich, während wir im Gleichschritt bergan liefen. »Das erste Mal habe ich Christian auf einer Mensaparty an der Uni gesehen ... « Während ich erzählte, tauchten die Bilder der Vergangenheit wieder in meiner Erinnerung auf. Ich war damals völlig erhitzt vom Tanzen gewesen. Meine Wangen glühten, und mein zerzauster Zopf glich schon lange nicht mehr der Frisur, mit der ich den Partyraum ein paar Stunden zuvor betreten hatte. Ich ging zur Theke und holte mir ein Wasser, doch auf dem Weg zurück zu meiner Freundin Ina stolperte ich. Der junge Mann, auf dessen T-Shirt sich der Inhalt meines Glases ergoss, war Christian. Am liebsten wäre ich in einer Erdspalte versunken, so peinlich war mir der Zusammenstoß. Hektisch bot ich an, Servietten zum Abtrocknen zu holen. Doch Chris grinste nur und meinte: »Macht nichts, ich hab eh eine Abkühlung gebraucht.«

»Klingt ein bisschen wie in einer Seifenoper, nicht wahr?«, schloss ich meinen Bericht.

»Ich habe noch nie eine angesehen«, erwiderte der alte Mann lächelnd. »Aber ich glaube, ich weiß, was Sie meinen.«

Inzwischen ging es steil bergauf, und das Geröll unter unseren Füßen knirschte. Während ich mich auf den unebenen Untergrund konzentrierte, dachte ich weiter über Chris und mich nach. Er hatte mir sofort gut gefallen, sowohl seine schlanke, sportliche Figur als auch seine sympathische Ausstrahlung. Besonders süß fand ich das Grübchen auf seiner rechten Wange, das zum Vorschein kam, wenn er grinste.

»Warum haben Sie sich damals in ihn verliebt?«, fragte der alte Mann, als hätte er gerade meine Gedanken gelesen.

Ich blieb stehen, um Luft zu holen. In meinem Hals spürte ich ein hartes Pochen.

»Ich habe mich sofort in seiner Gegenwart wohlgefühlt«, antwortete ich und setzte mich wieder in Bewegung.

»Und dann?«

»Wir haben zusammen getanzt und ein bisschen geflirtet. Bevor er ging, hat er mich an sich gezogen und geküsst. Da war es dann um mich geschehen …« Während ich sprach, erinnerte ich mich deutlich an diesen Moment. Der Kuss war so schön und intensiv gewesen, dass ich noch Minuten danach das Gefühl hatte, auf einer weichen Wolke zu schweben. Auch bei unserem nächsten Treffen spürte ich eine starke körperliche Anziehung. Mit jeder Berührung, jedem Blick zog Chris mich mehr in seinen Bann. So hatte es mich anfangs auch nicht gestört, dass er kein Mann großer Worte war. Er sprach allgemein nicht viel. War sehr pragmatisch und lösungsorientiert. So wie beim Kauf unserer ersten gemeinsamen Couch. Nachdem ich mir zig Modelle und Stoffmuster angesehen und stundenlang abgewogen hatte, welche Farbe und welches Design am besten in unser Wohnzimmer passen würden, raunte ich irgendwann »Jetzt sag du doch auch mal was« zum stummen Chris. »Ich bin für die dunkelgraue: die ist robust, nicht fleckenanfällig und vom Preis-Leistungs-Verhältnis her am realistischsten«, erwiderte er. Und damit war das Thema für ihn abgehakt.

Während der alte Mann und ich weiter bergan liefen, machten meine Gedanken eine kleine Reise. Ich sah Chris und mich händchenhaltend durch Amsterdam schlendern, sah uns lachend auf einem Tretboot sitzen und dachte daran, wie wir gemeinsam die Hochzeitstorte angeschnitten hatten. »Wo ist sie nur geblieben,

diese Leichtigkeit, die wir damals empfunden haben?«, fragte ich mich. »Und wo ist diese Nähe, die uns so sehr verbunden hat? Was hat sich in den letzten Jahren verändert?«

Der Weg wurde nun immer steiler, sodass ich mein ganzes Gewicht nach vorne verlagern musste, um vorwärtszukommen. Meine Beine wurden von Schritt zu Schritt schwerer. Hin und wieder musste ich stehen bleiben, um zu verschnaufen. Der alte Mann hielt dann ebenfalls an und wartete auf mich, auch wenn ich nicht den Eindruck hatte, dass er die Pausen benötigte.

Und dann lag er vor uns, der Klettersteig. Eine steile Felswand, die fast senkrecht emporführte und in die eine rostbraune Leiter eingelassen war, die vermutlich einst starke Hände hineingehämmert hatten. Rechts von ihr bot ein Metallseil die Möglichkeit, sich mit Haken zu sichern. Ich blickte nach oben, sah das nackte, schroffe Gestein, das in den grauen Himmel ragte, und spürte ein unangenehmes Ziehen in meinem Bauch. Solch eine steile Wand hatte ich noch nie zuvor erklommen.

»Hier müssen wir jetzt rauf«, sagte der alte Mann und deutete auf die Leiter. »Oben wartet ein kleines Plateau, und von dort aus ist es nicht mehr weit bis zum Gipfel.« Er setzte seinen Rucksack ab, holte zwei Klettergeschirre mit Karabinern heraus und reichte mir eins.

In diesem Moment überkam mich eine leichte Welle von Übelkeit.

»Alles okay?«, fragte der alte Mann, der offenbar mein Unbehagen gespürt hatte.

»Alles gut«, erwiderte ich, bemüht, mir nichts anmerken zu lassen.

»Wir müssen da nicht rauf«, hakte er noch mal nach.

»Nein, nein, alles okay.« Fest entschlossen stieg ich in mein Klettergeschirr und zog die Gurte fest. Was war nur los mit mir? Warum machte mich die Vorstellung, dort hinaufzuklettern, auf einmal so nervös? »Sollten wir vielleicht doch besser umkehren und den anderen Weg zum Gipfel nehmen?«, überlegte ich. Doch dann hörte ich die Stimme meines Vaters im Kopf: »Nur Verlierer kneifen vor Herausforderungen!« Mit diesen Worten hatte er mich immer angestachelt, wenn ich eine schwierige Situation aus Angst vermeiden wollte. Zum Beispiel, als ich nicht mehr aufs Fahrrad steigen wollte, weil ich ein paar Tage zuvor im hohen Bogen über den Lenker geflogen war und mir Knie und Ellenbogen aufgeschlagen hatte. Oder als ich mich weinend unter der Bettdecke versteckte und morgens nicht mehr zur Schule gehen wollte, weil mich drei größere Jungs auf dem Weg dorthin immer ärgerten.

»Fertig«, sagte ich und straffte unwillkürlich die Schultern.

»Dann mal los«, sagte der alte Mann, hakte seine beiden Karabiner in das Seil ein und begann, die Eisenleiter emporzuklettern.

»Du schaffst das«, versuchte ich, mir Mut zu machen, und hängte ebenfalls meine Karabiner ein. Dann folgte ich ihm mit zusammengepressten Lippen und wummerndem Herzen.

Die ersten Meter verliefen problemlos, und wir kamen zügig voran. »Na also, läuft doch«, dachte ich zufrieden und war froh, meinem Zweifel nicht nachgegeben zu haben. Doch etwa auf halber Strecke geschah es. Mein rechter Fuß rutschte ab, und für den Bruchteil einer Sekunde hatte ich das Gefühl, den Halt zu verlieren. Panisch umklammerte ich die Sprosse. Gleichzeitig sah ich in die Tiefe, sah den Abgrund unter mir – und es war vorbei. Die Angst schoss wie eine Droge durch meine Adern. Mein Fuß fand den Weg zurück. Doch ich war unfähig, auch nur einen Meter weiterzuklettern.

»Was ist los?«, rief der alte Mann, als er merkte, dass ich ihm nicht mehr folgte.

»Ich kann nicht weiter«, antwortete ich, um Fassung bemüht. Doch der schrille Ton meiner Stimme verriet mich. Auch mein Körper hielt sich nicht mehr ans Protokoll. Meine Knie zitterten unkontrolliert.

Der alte Mann, der schon ein paar Meter vorausgeklettert war, kam wieder zurück.

»Was haben Sie denn?«

»Ich habe Angst«, stammelte ich und spürte, wie mir Tränen in die Augen stiegen. »Mir ist so schwindelig.« Mein Kiefer bebte. »Ich habe das Gefühl, dass ich mich kaum noch halten kann.«

»Alles gut«, sagte der alte Mann beschwichtigend. Er war jetzt wieder direkt über mir. »Wir haben schon die Hälfte hinter uns. Es ist leichter hinaufzusteigen als hinab.«

»Nein! Ich kann nicht!« Inzwischen hatte die Panik all meine Muskeln gelähmt. Krampfhaft umklammerte ich die Metallsprosse, den Körper fest an die Leiter gepresst. Mein Mund war so trocken, dass ich kaum noch schlucken konnte. Meine Zunge klebte an meinem Gaumen. »Was tue ich bloß hier, in dieser Steilwand«, schoss es mir durch den Kopf, »mit diesem fremden Mann, den ich bis vor wenigen Stunden noch nie in meinem Leben gesehen habe? Wenn ich jetzt abstürze, haben meine drei Kinder keine Mutter mehr. Und das Letzte, was Chris von mir in Erinnerung behält, ist unser hässlicher Streit von heute Morgen.«

»Ganz ruhig«, sagte der alte Mann. »Wir zwei, wir schaffen das! Ab jetzt bleibe ich ganz nah bei Ihnen, und wir arbeiten als Team. Am besten gucken Sie nicht mehr nach unten und auch nicht nach oben. Es gibt jetzt nur noch ein Ziel. Die nächste Stufe. Und danach die nächste. Einverstanden?« Seine Stimme klang warm und väterlich und schaffte es, mich ein wenig zu beruhigen. »Versuchen Sie doch mal, eine Hand zu lösen und zur nächsten Stufe zu greifen. Und dabei atmen Sie ganz ruhig ein und aus. Geht das?«

Es kostete mich eine unglaubliche Kraft loszulassen. Doch nach einigem Zögern schaffte ich es und packte, so schnell ich konnte, die nächste Stufe. »Und jetzt die andere Hand«, kam es von oben. »Und dabei ruhig und gleichmäßig weiteratmen.« Auch das gelang mir.

»Können Sie es mit dem rechten Fuß probieren?«

Zitternd hob ich den Fuß ein paar Millimeter an. Im gleichen Moment schoss die Panik wie ein Geysir in mir hoch, und ich setzte ihn sofort wieder ab.

»Ich kann das nicht«, schluchzte ich.

Dann spürte ich etwas auf meinem Kopf. Der alte Mann hatte eine Hand von der Sprosse gelöst, sich zu mir hinabgebeugt und streichelte nun mein Haar.

Ich fühlte die Wärme, die von seiner Hand ausging. Erst nur ein kleines bisschen, dann immer intensiver. Wie warmes Öl floss sie an meinem Hinterkopf und meinem Nacken entlang, breitete sich auf Rücken und Armen aus, wanderte zu meinen Beinen und Füßen. Sie kribbelte auf meiner Haut, drang durch ihre oberen

Schichten und löste nach und nach meine verkrampften Muskeln.

»Wollen wir es noch einmal probieren?«, fragte der alte Mann sanft.

Ich hob den rechten Fuß. Für einen kurzen Moment schwebte er im Ungewissen, doch dann erreichte er das rettende Ziel. Eine Träne der Erleichterung rann meine Wange hinab.

»Wunderbar. Jetzt den linken.«

Geschafft! Ich war eine Stufe weiter. Die Panik ebbte ab. Der Schwindel ließ nach.

»Jetzt am besten wieder die rechte Hand«, kam es von oben. »Und ruhig atmen.«

Ich weiß nicht, wie lange wir brauchten, bis wir oben ankamen. Ich hatte jegliches Zeitgefühl verloren. Mir war, als schwebte ich an dieser Steilwand zwischen Zeit und Raum.

Als wir endlich das Plateau erreicht und unsere Karabinerhaken gelöst hatten, sank ich völlig ermattet auf den von Grasbüscheln durchzogenen steinigen Felsgrund, legte mich auf den Rücken und blickte in den grauen Himmel.

»Wie geht es Ihnen?«, fragte der alte Mann, der sich neben mich gesetzt hatte.

»Ganz okay«, antwortete ich zaghaft. Mir war immer noch flau im Magen, und meine Knie fühlten sich so weich an, als wären sie aus Knete.

»Sind Sie denn noch nie zuvor geklettert?« Der alte Mann sah mich ernst an.

»Doch schon«, druckste ich herum. »Aber …«

Sein Blick ruhte fragend auf mir.

»… die Passagen, die ich früher geklettert bin, waren viel kürzer und weniger steil. Als ich vorhin unten an der Wand stand, hatte ich auf einmal ein ganz mulmiges Gefühl im Bauch.«

»Warum haben Sie denn nichts gesagt? Wir hätten doch auch die andere Route nehmen können.« Seine Stimme klang ernsthaft besorgt.

»Weil ich es gerne schaffen wollte«, erwiderte ich kleinlaut.

Er wandte seinen Blick ab, sah in die Ferne und schien mit seinen Gedanken weit weg zu sein.

»Wissen Sie«, fuhr er schließlich fort, »ich bin in den Bergen aufgewachsen, habe mein ganzes Leben hier verbracht. In dieser Zeit haben mich die Berge vieles gelehrt.« Dann drehte er sich wieder zu mir und sah mich an. »Jedes Jahr sterben leider etliche Menschen, weil sie etwas Wichtiges nicht beachten.«

»Weil sie sich überschätzen, obwohl sie zu unerfahren sind, so wie ich?«, fragte ich und spürte, dass meine Wangen heiß wurden.

»Das auch. Aber oft trifft es sogar erfahrene Wanderer. Menschen, die nur ein Ziel vor Augen haben: den Berg zu bezwingen.« Er schüttelte den Kopf, und seine blauen Augen sahen traurig aus. »Dabei geht es beim Wandern nicht ums Kämpfen, sondern darum, mit der Natur eins zu werden. Doch nur, wenn wir die Berge achten und ihren Gesetzen folgen, kann das gelingen.«

DIE BERGE IM NEBEL

»Wollen wir weiter?«, fragte mich der alte Mann, nachdem ich ein paar Minuten lang erschöpft auf dem Boden gelegen und schweigend in den konturlosen Himmel gestarrt hatte.

»In Ordnung«, sagte ich und rappelte mich mühsam auf.

Der alte Mann deutete Richtung Bergkamm. »Schauen Sie, dort oben kann man schon das Gipfelkreuz sehen.«

Mein Blick folgte seinem Zeigefinger, und ich konnte vage einen schwarzen Fleck ausmachen, der sich vom weißen Nebel abhob.

»Noch etwa fünfzehn Minuten, dann sind wir da.« Er griff nach seinem Rucksack und setzte ihn auf seine breiten Schultern. Dann ging er voran.

Langsam erklomm ich den steilen Hang. Mühsam einen Fuß vor den anderen setzend. Den Blick starr auf das Ziel geheftet. Meine Regenjacke hatte ich wieder zugezogen, da hier oben ein frischer Wind wehte und ich mich nicht erkälten wollte. Mein T-Shirt war unter den Achseln und am Rücken nass geschwitzt, und ich spürte die Hitze, die aus meinen Poren drang und sich zwischen oberster Hautschicht und Jacke verfing. Jeder Schritt kostete jetzt Kraft. »Gleich hast du es geschafft. Gleich hast du es geschafft. Gleich hast du es geschafft«, war das Einzige, was mein Kopf noch zu denken fähig war. Ansonsten war er völlig leer. Der Punkt nahm langsam Formen an, wurde immer schwärzer und größer. Immer wieder blieb ich stehen, nahm ein, zwei tiefe Atemzüge, spürte das Hämmern in meinem Hals.

Ab und zu drehte sich der alte Mann, der immer ein paar Schritte vorausging, zu mir um und fragte: »Alles okay?« Ich konnte nur nicken, Reden war zu anstrengend. Mein Haar klebte an meinem Kopf, meine Wangen glühten. Vermutlich gab ich gerade kein besonders attraktives Bild ab, aber das war mir egal. Für mich zählte nur noch eines: oben ankommen.

Und dann stand es endlich vor mir: das Holzkreuz. Schwarz und mächtig ragte es wie ein Riese mit ausgebreiteten Armen in den weißen Himmel. Ehrfürchtig sah ich an ihm empor. Seine Spitze verlor sich im Nebel, so als gäbe es dort ein Geheimnis, das es zu verhüllen galt. Auch die Umgebung hatten die dichten Schwaden verschluckt. Die Sicht reichte gerade einmal ein paar Meter weit.

Direkt unter dem Kreuz stand eine Bank. Dankbar

ließ ich mich darauf nieder. Ich konnte mich nicht daran erinnern, wann ich mich das letzte Mal in meinem Leben so verausgabt hatte. Alles tat mir weh. Die Muskeln in meinen Oberschenkeln piksten, als wären sie mit Tausenden kleinen Nadeln gespickt, und meine Füße schmerzten, als hätten sie mich quer über die Alpen getragen. Doch trotz der Müdigkeit, die in jedem einzelnen Knochen steckte, war da auch eine Kraft, die sich binnen Sekunden in mir ausbreitete, getragen von einem gewaltigen Strom von Glückshormonen.

»Wie fühlen Sie sich?«, erkundigte sich der alte Mann, der sich zu mir auf die Bank gesetzt hatte.

»Großartig«, seufzte ich zufrieden und spürte, wie gleichzeitig ein breites Lächeln über mein Gesicht glitt, das aus meinem tiefsten Inneren kam. Ich sah mich um, doch meine Augen wussten nicht, wo sie haften bleiben sollten. »Nur die Aussicht ist enttäuschend. Ich hatte so sehr gehofft, dass es heute noch aufklart.«

»Ja, wirklich schade«, pflichtete der alte Mann mir bei.

Wir schwiegen einen Moment, und ich spürte, wie das Pochen in meinem Hals allmählich nachließ und die Hitze aus meinen Wangen wich. Irgendwie war es merkwürdig, so ins Nichts zu blicken, als würde die Welt dahinter gar nicht existieren.

»Schon verrückt«, sagte ich und sah den alten Mann an, »wenn man nicht genau wüsste, dass sich hinter den dicken grauen Wolken und dem dichten Nebel Berge verstecken, würde man nicht ahnen, dass es sie gibt.«

Er nickte. »Ja, wie im echten Leben.«

»Wie meinen Sie das?«

»Nun ja, manche Dinge sind da, ohne dass wir uns dessen bewusst sind.«

»Welche denn zum Beispiel?« Mir war immer noch völlig schleierhaft, wovon er sprach.

»Themen aus unserer Vergangenheit«, antwortete der alte Mann. Er beugte sich nach vorne, griff nach seinem Rucksack, den er auf dem Boden zwischen seinen Füßen abgestellt hatte, und nahm ihn auf den Schoß. Dann zog er den Reißverschluss auf und holte eine Metallbox heraus. »Möchten Sie?«, fragte er und hielt mir die geöffnete Box entgegen. Darin befanden sich getrocknete Aprikosen, Datteln, Feigen und Müsliriegel, die köstlich aussahen. »Kraftfutter«, fügte er grinsend hinzu.

»Danke, sehr gerne«, sagte ich und griff nach einem Müsliriegel. »Mhm«, entfuhr es mir, nachdem ich hineingebissen hatte. »Der ist aber lecker!«

»Selbst gemacht«, erklärte der alte Mann, und die Fältchen um seine blauen Augen strahlten.

Nachdem ich meinen zweiten Bissen hinuntergeschluckt hatte, hakte ich nach: »Was meinen Sie damit, dass es auch in unserem Leben Berge im Nebel gibt?«

»Ich habe mich früher immer schrecklich unwohl in

kleinen, engen Räumen gefühlt«, begann der alte Mann zu erzählen. »Mir war dann so, als würde ich nicht genug Luft bekommen. Das ging so weit, dass ich irgendwann nicht mehr in einem Fahrstuhl fahren konnte. Bis wir uns auf einer Familienfeier vor einigen Jahren zufällig über Ängste unterhalten haben. Als ich von meinem Aufzugproblem erzählt habe, sagte meine Mutter: ›Oje, du Armer. Vielleicht kommt es daher, dass du dich damals beim Versteckenspielen nicht mehr aus Opas alter Holztruhe befreien konntest.‹ In diesem Moment machte es klick bei mir.«

»Wussten Sie denn nicht, dass das passiert war?«

»Nein, ich war damals noch sehr klein, vielleicht drei Jahre alt. Mein Bewusstsein hatte die Erinnerung nicht gespeichert.«

»Möchten Sie noch?«, fragte der alte Mann und bot mir abermals die Box an.

»Sehr gerne«, sagte ich und nahm noch einen Riegel. Während ich daran knabberte, dachte ich über die Geschichte nach. »Ich glaube, jetzt weiß ich, wie Sie das mit den Bergen im Nebel meinen. Manche Gefühle von früher sind in uns verborgen. Sie sind vorhanden, auch wenn sie uns nicht bewusst sind.«

»Genauso ist es«, bestätigte er und nickte. »Sie brodeln in uns wie flüssiges Magma in einem Vulkan. Und wenn in unserem Leben etwas passiert, was uns an die Situation von damals erinnert, dann brechen diese Gefühle wieder aus uns heraus. Bei mir war die Angst aus der Truhe jedes Mal wieder da, wenn ich vor einem Aufzug stand, ohne dass ich mir dessen bewusst war. Das negative Erlebnis war aus meiner Erinnerung verschwunden, aber das Gefühl war geblieben.«

»Und wie ist es heute?«

»Viel besser. Damals, als meine Mutter davon erzählte, war auf einmal alles wieder da. Als hätte sich der Nebel aufgelöst und die Erinnerung und die damit verbundenen Gefühle wieder freigegeben. Meine Hände wurden schweißnass, mein Herz hat wie verrückt geschlagen, und ich hatte das Gefühl, nicht genug Luft zu bekommen. Ich bin rausgegangen, um frische Luft zu schnappen. Es hat eine ganze Weile gedauert, bis es mir wieder besser ging. Als ich das nächste Mal vor einem Aufzug stand, hatte ich ein flaues Gefühl im Magen, aber nicht mehr so schlimme Angst wie früher. Ich habe mir im Stillen gesagt: ›Alles gut, das ist keine Truhe, die du nicht mehr alleine verlassen kannst, sondern nur ein Aufzug. Und du bist auch kein kleiner, hilfloser Junge mehr, sondern ein erwachsener Mann. Selbst wenn der Aufzug stecken bleiben sollte, passiert dir nichts. Du kannst um Hilfe rufen, und jemand wird kommen und dich rausholen.‹ Die ganze Fahrt über war ich nervös, aber ich habe es geschafft. Und von Mal zu Mal wurde es besser. Heute machen mir enge Räume und Aufzüge nichts mehr aus.«

Ich stand auf und schlenderte zu einer kleinen Schneeinsel, die ein paar Meter von uns entfernt das Gras bedeckte. Ich ging in die Hocke, griff nach dem bereits angetauten Schnee und formte eine golfballgroße Kugel. Ich dachte an Chris und mich, an unsere Konflikte, konnte aber nicht erkennen, was diese mit der Vergangenheit zu tun haben sollten. Der kleine Schneeball begann zu tropfen.

»Irgendwie komme ich nicht weiter«, sagte ich schließlich.

»Wonach suchen Sie denn?«, fragte der alte Mann.

»Ich suche nach dem Grund, warum ich im Streit mit meinem Mann immer so wütend werde.«

»Was empfinden Sie denn in diesen Momenten?«

Ich überlegte kurz. »Ich fühle mich zurückgewiesen. Nicht gesehen. Und nicht geliebt.« Schon während ich die Worte aussprach, spürte ich wieder den Knoten in meinem Bauch. »In solchen Situationen ist die Wut von jetzt auf gleich da, als würde jemand einen Alarmknopf bei mir drücken. Dann werde ich sofort aggressiv und laut, auch wenn ich es gar nicht will. Chris hasst das und zieht sich zurück. Und je mehr er auf Distanz geht, desto wütender werde ich.«

»Ist das typisch für Sie?«, fragte der alte Mann, während er die Essensdose wieder in seinem Rucksack verstaute.

»Nein, interessanterweise nicht. Eigentlich bin ich so

nur bei Chris und manchmal auch bei unserer ältesten Tochter, die ihm in ihrer Art sehr ähnlich ist. Sonst bin ich kein aggressiver Mensch. Im Beruf oder bei Freundinnen reagiere ich meist ruhig und besonnen. Ich habe mich schon oft gefragt, warum das bei Chris anders ist. Warum gerade er immer wieder diese Wut auslöst. Aber ich habe bisher keine befriedigende Antwort gefunden. Und das Verrückte daran ist, dass ich es einfach nicht in den Griff bekomme. Selbst wenn ich mir noch so sehr vornehme, locker und ruhig zu bleiben. Manchmal geht es eine Weile gut, doch dann drückt Chris wieder den roten Knopf, und ich explodiere.« Ich richtete mich wieder auf und ließ den Rest des feuchten Schnees zurück auf den Boden fallen.

»Genau das, was Sie beschreiben, könnte ein Berg im Nebel sein. Vielleicht bekommen Sie deshalb Ihre Wut nicht in den Griff. Bevor Sie überhaupt denken können ›Nicht ärgern, ruhig bleiben!‹, ist die Lava schon aus Ihnen herausgebrochen, und Sie werden laut, obwohl Sie es gar nicht wollten. Gefühle sind leider schneller als Gedanken.«

»Genauso ist es«, nickte ich zustimmend und wischte die nassen Hände an meiner Hose ab. »Aber woher kommt die Wut?«

»Ich schätze, das ist die Antwort, nach der Sie suchen müssen. Das ist Ihr Berg im Nebel.«

VERSTECKT HINTER SCHABLONEN

Trittsicher wie eine Gams stieg der alte Mann den Hang hinab, während ich ihm vorsichtig folgte, darauf konzentriert, nicht auf dem Geröll ins Rutschen zu geraten. Etwa zehn Minuten zuvor waren wir aufgebrochen. Der alte Mann hatte vorgeschlagen, eine andere Route als auf dem Hinweg zu nehmen, und ich hatte erleichtert zugestimmt.

Meine Gedanken verweilten immer noch bei unserem letzten Gespräch. Bisher hatte ich alles gut nachvollziehen können, was der alte Mann gesagt hatte. Doch nun hatte ich meine Zweifel. Ich hatte eine wirklich glückliche Kindheit gehabt. Als Einzelkind war ich der Augenstern meiner Eltern gewesen. Sie zogen mich liebevoll groß, und es fehlte mir an nichts. Wir hatten nach wie vor ein gutes Verhältnis. Gab es wirklich ein Erlebnis in meiner Vergangenheit, das meine Wutausbrüche erklärbar machte? Mir fiel keine plausible Antwort darauf ein.

Ich blieb stehen, um meinen Knien eine kurze Pause

zu gönnen. »Hoffentlich ist morgen besseres Wetter«, dachte ich, während ich Richtung Tal schaute, ohne allerdings Häuser oder irgendetwas anderes hinter dem weißen Schleier ausmachen zu können. Beim Anblick des Nebels kam mir ein Gedanke.

»Wissen Sie, was mir gerade aufgefallen ist?«, rief ich dem alten Mann zu, der etwa zwei Meter voraus war. »Manchmal ist es auch umgekehrt. Dann sehen wir Dinge, die gar nicht da sind.«

»Was für Dinge?«, fragte der alte Mann, und seine Stimme klang überrascht. Er drehte sich um und wartete auf mich. Dann gingen wir nebeneinander weiter.

»Ich habe Ihnen ja schon erzählt, dass Chris sich häufig als Opfer fühlt«, erklärte ich. »Er ist der Meinung, dass ich ständig an ihm herumnörgle und er mir nichts recht machen kann.«

»Kein schöner Vorwurf«, erwiderte der alte Mann. »Wie schätzen Sie die Situation denn ein?«

»Na ja, ich kritisiere ihn schon ab und zu. Aber nur, wenn er etwas falsch macht.« Plötzlich musste ich an die Fliege und den Holztisch denken. Daran, dass Chris die Welt mit anderen Augen sah und seine Realität nicht mit meiner übereinstimmen musste. »Wenn er aus meiner Sicht etwas nicht richtig macht«, korrigierte ich mich. »Wie auch immer«, fuhr ich fort, »vor ein paar Monaten habe ich mir einmal vorgenommen, nichts Negatives mehr zu sagen, egal was passiert. Ich habe mir sehr viel Mühe gegeben und mir bei jeder Gelegenheit auf die Zunge gebissen, wenn er etwas anders gemacht hat, als ich es für richtig hielt, und meinen Kommentar dazu hinuntergeschluckt. Zwei Wochen lang habe ich das durchgehalten, bis er eines Abends mal wieder vergessen hatte, den Computer runterzufahren. Ich habe ihn schon tausendmal darum gebeten, weil ich der Meinung bin, dass man so auf einfache Art und Weise Energie sparen und etwas für die Umwelt tun kann. Chris vergisst es aber ständig, und dann muss *ich* mich wieder darum kümmern. Also sprach ich ihn darauf an: ›Mensch, Chris, du hast schon wieder den Computer vergessen. Bitte mach ihn noch aus.‹ Und wissen Sie, was seine Reaktion war?« Ich spürte, wie schon alleine bei dem Gedanken daran die Wut in mir wieder hochkochte. »Er hat die Augen verdreht und erwidert: ›Musst du schon wieder meckern?‹ Und das, obwohl ich zwei Wochen lang nicht mal ›Piep‹ gesagt hatte.« Wütend stemmte ich die Hände in meine Hüften und spürte, dass sich eine Steilfalte über meiner Nase gebildet hatte, so wie damals. »Du runzelst schon wieder«, hatte Chris meinen Gesichtsausdruck kommentiert und mir damit noch den Rest gegeben. »Du bist so unfair«, hatte ich ihn angeraunzt. »Ich habe tagelang nichts gesagt, aber dir fällt das ja nicht einmal auf.« Doch in dem Moment, in dem ich die Stimme erhoben hatte, war Chris schon nicht mehr erreichbar gewesen.

Ich versuchte noch, das Thema mit ihm auszudiskutieren, doch es war zu spät. Chris war hinter der Glaswand verschwunden.

»Oft habe ich das Gefühl, ich kann mir noch so viel Mühe geben, Dinge zu verändern, Chris bemerkt es einfach nicht. So als würde er mich gar nicht mehr sehen, sondern nur eine Schablone, die er von mir angefertigt hat.«

»Ein sehr interessanter Gedanke«, warf der alte Mann ein. »Wissen Sie, woher das kommen könnte?«

Ohne den kühlen Wind, der oben auf dem Gipfel geweht hatte, war es auf den letzten Metern immer wärmer geworden. »Einen Moment, ich muss schnell mal meine Jacke ausziehen«, sagte ich deshalb und blieb stehen. Nachdem ich sie abgestreift und um die Hüften gebunden hatte, gingen wir weiter, und ich knüpfte wieder an unser Gespräch an. »Ich glaube, das mit den Schablonen im Kopf hat mit unserem Alltag zu tun. Damit, dass in einer langjährigen Beziehung vieles zur Gewohnheit wird. Am Anfang ist alles neu, und wir sehen unseren Partner genau an. Lassen uns von ihm und seinem Handeln überraschen. Doch mit der Zeit glauben wir, ihn zu kennen. Es entsteht ein Bild in unserem Kopf, und wir denken, dass der andere genau so ist. Dass er dieser Schablone entspricht. Ab diesem Moment schauen wir nicht mehr genau hin, sondern haben nur noch bestimmte Erwartungen, die wir immer wieder erfüllt sehen. Veränderungen beim anderen nehmen wir gar nicht mehr richtig wahr. Wir sehen nur noch das, was wir erwarten, oder das, was wir sehen wollen«, beendete ich den Satz und war selbst ein wenig verblüfft über meine Erkenntnis. »Ich denke, um diese Schablonen wieder loszuwerden, müssen wir unsere Augen öffnen, wieder richtig hinsehen, unser Bild vom anderen jeden Tag aufs Neue überprüfen. Seine Entwicklung wahrnehmen und anerkennen.«

»Das klingt sehr nachvollziehbar«, sagte der alte Mann und nickte. »Machen Sie das denn bei Ihrem Mann?«

»Nicht wirklich«, gab ich zu. »Aber ich denke, es würde sich lohnen, es ab jetzt zu versuchen …«

In diesem Augenblick hatte ich das Gefühl, eine Bewegung über mir wahrzunehmen. Ich blieb stehen und sah in den Himmel. Und tatsächlich, hoch oben, unterhalb der grauen Wolkendecke, kreiste ein großer Vogel mit mächtiger Flügelspannweite.

»Ist das etwa ein Adler?«, fragte ich aufgeregt.

»Ja zweifellos«, sagte der alte Mann, der meinem Blick gefolgt war.

Schweigend beobachteten wir, wie der Vogel über unseren Köpfen kreiste, so als musterte er uns eingehend. Dann drehte er ab und flog davon. Ich sah ihm dabei zu, wie er sich mehr und mehr entfernte, bis er schließlich von der dichten Wolkenschicht verschluckt wurde. »Wow«, sagte ich beeindruckt. »Das war das erste Mal, dass ich einen Adler in freier Wildbahn gesehen habe.«

»Das ist auch wirklich etwas Besonderes«, pflichtete der alte Mann mir bei, der immer noch dorthin blickte, wo der Adler verschwunden war. »Ich habe mir übrigens schon oft gewünscht, ein Vogel zu sein«, fügte er dann hinzu und ging wieder weiter.

Ich folgte ihm. »Lassen Sie mich raten«, sagte ich mit scherzhaftem Unterton, da die Antwort für mich klar auf der Hand zu liegen schien. »Weil Sie auch gerne die Fähigkeit besitzen würden zu fliegen.«

»Knapp vorbei«, erwiderte der alte Mann und grinste. »Ich beneide die Vögel nicht um das Fliegen an sich, sondern um die Möglichkeiten, die sich dadurch ergeben.«

»Um das Gefühl von Freiheit?«

»Nein«, er schüttelte den Kopf. »Ich fühle mich auch hier auf der Erde frei. Ich beneide sie darum, dass sie so leicht die Perspektive wechseln und die Dinge immer wieder aus neuen Blickwinkeln betrachten können.

Mal von sehr nah, mal von fern. Sie können schnell auf Distanz gehen und dann, von oben aus der Luft, das große Ganze sehen. Wir Menschen tun das viel zu selten. Dabei ist es so wichtig, immer mal wieder mit Abstand auf unser Leben zu blicken.«

»Stimmt«, pflichtete ich ihm bei. »Das geht im Alltag oft unter.«

»Ja leider«, murmelte er und fuhr sich mit der Hand über das kurze Stoppelhaar. »Oft räumen wir den Dingen, die wirklich wichtig sind, zu wenig Priorität ein. Auch das habe ich aus meiner Krise damals gelernt. Seitdem nehme ich mir jeden Abend ein paar Minuten Zeit, horche in mich hinein und frage mich: ›Was war gut an diesem Tag? Wofür bin ich dankbar? Und was ist nicht so ideal gelaufen? Woran lag das? Was könnte ich morgen besser machen?‹ Diese Momente helfen mir sehr dabei, wieder klarer zu sehen. Denn je stiller wir sind, desto mehr können wir hören.«

Ich musste schlucken. Was für ein wahrer, kluger Satz. Wie sehr hatte ich mich in den letzten Jahren von der Hektik des Alltags antreiben lassen. Hatte Tage, Wochen und Jahre verstreichen lassen, ohne wirklich innezuhalten und nachzudenken. Meine Ausrede: keine Zeit. Aber stimmte das tatsächlich? Wie viele Stunden in der Woche verbrachte ich vorm Fernseher oder am Handy, weil es so viel einfacher war, sich abzulenken, als jeden Tag selbstkritisch das eigene Leben zu hinterfragen? Dabei wäre das eine Chance gewesen. Vielleicht wären mir die Schablonen in Chris' und meinem Kopf dann schon viel früher aufgefallen. Vielleicht hätten wir darüber reden können. Stattdessen hatte ich den bequemeren Weg gewählt. Hatte die Augen verschlossen und gehofft, dass sich unsere Probleme von selbst lösen würden. Kein Wunder, dass sie sich inzwischen zu einem komplexen Knäuel verheddert hatten, bei dem ich keinen Anfang und kein Ende mehr fand.

JE STILLER
WIR SIND,
DESTO MEHR
KÖNNEN WIR
HÖREN

DIE SPIEGELFALLE

Wir liefen stetig weiter. Mal nebeneinander, mal hintereinander, je nachdem, wie der Weg gerade beschaffen war, und ich beobachtete, wie sich die Landschaft in kurzen Abständen immer wieder veränderte. Mal ließ die Steigung nach, dann gab es wieder steilere Passagen. Mit dem Weg veränderte sich auch die Vegetation. Erste Bäume tauchten auf, verdichteten sich zu einem Wald, der sich nach einer Weile wieder lichtete. Mal herrschten bunte Sommerblumen in Gelb, Weiß und Violett vor, mal üppige grüne Farne, mal unterschiedliche Gräser, die sich tänzelnd im Wind hin- und herwiegten. Nur einmal kam uns ein grauhaariges Paar mit Kniebundhosen und Teleskopstöcken entgegen. Ansonsten waren wir völlig allein. Vermutlich hatte der Nebel die meisten Wanderer abgeschreckt, die sich lieber, statt durch die trübe Bergwelt zu streifen, in den Wellnessbereichen der umliegenden Hotels scharten. Meine Beine wurden immer müder, und schon zweimal hatte ich beinahe einen Krampf in der rechten Wade bekommen. Sehnsuchtsvoll dachte ich an die heiße Dusche, die ich mir später in unserer Hütte gönnen wollte. Außerdem verspürte ich schon seit geraumer Zeit einen immer stärker werdenden Durst. Leider war meine Trinkflasche leer. »Wasser«, rief ich deshalb erfreut, als ich einen alten Holzbrunnen entdeckte. Er stand auf einer hügeligen Wiese, auf der vermutlich ab und zu Kühe grasten, denen der ausgehöhlte Baumstamm als Tränke diente. Ich ging hin, nahm meine Flasche aus dem Rucksack und hielt sie unter den Hahn, aus dem das kühle Nass plätscherte. Mein Blick fiel auf die gekräuselte Wasseroberfläche, auf der sich verschwommen meine Gesichtszüge abzeichneten.

»Mir ist übrigens gerade noch eine Falle in den Sinn gekommen, in die wir manchmal im Alltag tappen und bei der wir Dinge sehen, die gar nicht da sind«, sagte der alte Mann, der neben mich getreten war und sich nun ebenfalls im Wasser spiegelte.

»Was für eine Falle?«, fragte ich neugierig, nachdem ich die Flasche mit wenigen Zügen fast geleert hatte.

»Die Spiegelfalle«, antwortete er.

»Worum handelt es sich dabei?«, fragte ich und füllte meine Flasche erneut auf.

»Wollen wir uns noch einmal setzen?«, schlug er vor und deutete auf zwei größere Steine.

»Gerne«, erwiderte ich, denn vom Abstieg taten mir inzwischen auch die Kniegelenke weh. »Meine Beine können auf jeden Fall eine kleine Pause vertragen.«

»Meine auch«, sagte er und grinste. Nachdem auch er seine Trinkflasche aufgefüllt hatte, setzten wir uns nebeneinander auf die Steine.

»Welche Eigenschaften stören Sie eigentlich an Ihrem Mann?«, fragte er und führte seine Trinkflasche zum Mund.

»Mhm«, brummte ich, schloss die Augen und dachte an Chris. »Na ja«, antwortete ich, als ich sie wieder öffnete, »Christian ist nicht gerade ordentlich, außerdem ist er ziemlich ungeduldig und reagiert oft genervt, wenn ich ihn um Hilfe bitte. Und er fühlt sich sehr schnell angegriffen, wenn ich etwas sage, und ist dann beleidigt«, fügte ich hinzu. »Auch wenn ich ihn gar nicht kritisieren will. Darüber streiten wir ziemlich oft.«

»Was denken Sie: Könnte es sein, dass die eine oder andere dieser Eigenschaften gar nicht Ihrem Mann, sondern Ihnen selbst zuzuordnen ist?«, fragte der alte Mann. Dann bückte er sich, nahm seinen Rucksack auf den Schoß und steckte die Wasserflasche hinein.

»Wie kommen Sie denn darauf?« Ich war völlig perplex.

»Nun, genau das ist die Spiegelfalle.«

»Sie glauben, ich sehe etwas bei ihm, was eigentlich mich selbst betrifft?«

»Das wäre möglich,« erwiderte er und schloss die Schnalle seines Rucksacks. »Manchmal haben wir Eigenschaften oder Gefühle, die wir überhaupt nicht an uns mögen. Deshalb verdrängen wir sie. Wir sehen sie dann nicht bei uns selbst, sondern – und das ist die Falle – bei anderen, zum Beispiel bei unserem Partner.«

Davon hatte ich noch nie gehört. Vielleicht kam es mir deshalb auch so abwegig vor. »Ich kann mir, ehrlich gesagt, nicht vorstellen, dass ich das tue«, entgegnete ich zweifelnd.

»Bei mir war es tatsächlich so«, sagte der alte Mann.

»Wirklich?« Ich sah ihn etwas ungläubig an.

»Ja, ich habe meiner Frau eine Zeit lang vorgeworfen, sie würde sich nicht freuen und mich nicht freundlich begrüßen, wenn ich abends von der Arbeit nach

Hause kam«, erklärte er, und seine blauen Augen sahen ernst aus. »Sie hat immer erwidert, dass das nicht stimme. Aber für mich fühlte es sich genau so an, und ich habe den Vorwurf ständig wiederholt, bis wir uns fast jeden Abend darüber stritten. Als sie mich verließ – natürlich nicht nur deshalb, es gab noch genug anderes, was zwischen uns nicht gut lief –, bin ich abends nach der Arbeit nicht nach Hause, sondern zum Steinkreis gegangen und habe über uns nachgedacht. Und dort ist mir mehr und mehr bewusst geworden, dass sie recht hatte. Derjenige, der sich abends nicht mehr auf unser Zuhause und auf den anderen freute, war ich. Und zwar, weil meine Arbeit mich nicht mehr glücklich machte. Das wollte ich ihr gegenüber aber nicht zugeben, weil ich mich wie ein Versager fühlte. Ich war jeden Abend voller Frust und negativer Gefühle und übertrug das unbewusst auf sie. Erst mithilfe des Steinkreises ist es mir gelungen, mich selbst wieder so im Spiegel zu sehen, wie ich wirklich war.«

Wieder dachte ich an Chris und mich. An die Themen, über die wir oft stritten. Konnte es wirklich sein, dass ich etwas in ihn hineinprojizierte, das in Wirklichkeit bei ihm gar nicht vorhanden war? Dass ich eine negative Eigenschaft oder Emotionen von mir auf ihn übertrug? Oder war es vielleicht auch umgekehrt? Konnte es sein, dass Chris bei mir Dinge sah, die ihn an sich selbst störten? Dass er in die Spiegelfalle getappt war?

»Was haben Sie verändert?«, fragte ich den alten Mann schließlich.

Er zog die Augenbrauen zusammen, und sein Gesicht nahm einen nachdenklichen Ausdruck an. »Als Kind war ich sehr viel draußen, bin geklettert, habe Wälder und Höhlen erforscht und Staudämme gebaut. Doch dann wurde ich erwachsen. Ich habe studiert und einen Job in einem Architektenbüro angenommen. Es folgten Jahre mit einem sehr vollen Alltag, in denen ich kaum noch draußen in der Natur war. Als dann die Krise mit meiner Frau kam, wusste ich auf einmal selbst viele Dinge nicht mehr. Wer ich bin, welche Ziele ich verfolge, was mir wirklich wichtig ist. Ich fühlte mich einsam und überfordert und bin instinktiv wieder rausgegangen. Zum Steinkreis. Aber ich bin auch gewandert, geklettert oder habe mich einfach nur auf eine Wiese gesetzt und die Natur beobachtet. Schon die frische Luft hat mir den Kopf freigepustet. Ich hatte das Gefühl, wieder viel klarer denken zu können. Die Natur hat mir damals dabei geholfen, wieder zu mir zu finden.«

»Und dann?«, hakte ich nach.

»Ist mir bewusst geworden, dass mein Job als Architekt nicht das Richtige für mich war. Obwohl ich ihn wirklich gerne gemacht habe. Aber ich bin einfach nicht der Typ, der einen Großteil des Tages vor einem Computer sitzen möchte. Also habe ich meinen Job gekündigt und bin Bergführer geworden.«

»Das war sicherlich keine leichte Entscheidung.«

»Doch, interessanterweise schon. In dem Moment, als mir klar wurde, was ich wirklich brauche, um glücklich zu sein, war es wie eine Befreiung. Damals habe ich auch verstanden, wie wichtig für eine Beziehung das innere Gleichgewicht beider Partner ist. Es ist nicht die Aufgabe meiner Frau, dafür zu sorgen, dass es mir gut geht, sondern ich selbst trage die Verantwortung dafür.«

Ich zupfte eine gelbe Blume ab, die zwischen meinen Füßen wuchs. Konnte es sein, dass es bei Chris und mir auch deshalb nicht gut lief, weil ich mit meinem Leben nicht zufrieden war? Oder er nicht mit seinem?

Wir hatten drei Töchter, die ich sehr liebte, aber natürlich war der Alltag mit den Kindern auch extrem anstrengend. Unsere Älteste war gerade in die Pubertät gekommen, und die Jüngste hatte immer noch Wutanfälle. Die Mittlere war zum Glück unkompliziert, aber ich machte mir manchmal Sorgen, dass sie als Sandwichkind zu sehr unterging. Und dann war da das tägliche Organisieren aller Abläufe, das überwiegend an mir hängen blieb. Manchmal fühlte sich mein Kopf zentnerschwer an, weil ich mir so viel merken musste.

Ich ließ den Blumenstängel zwischen Daumen und Zeigefinger hin- und herwandern, sodass die Blüte wie ein Propeller kreiste.

Auch meine Arbeit war sehr fordernd. Wenn ich nachmittags heimkam, war ich meist ziemlich erschöpft.

Trotzdem mochte ich meinen Job. Was mich dagegen nervte, war der Haushalt: das Einkaufen, Aufräumen, Wäschewaschen, Bügeln. Manchmal hatte ich das Gefühl, wie ein Hochgeschwindigkeitszug durch einen Tunnel zu rauschen und mein Leben nur schemenhaft am Fenster an mir vorbeiziehen zu sehen. Was hatte ich in den letzten Jahren eigentlich für mich getan? Dafür, dass es mir gut ging? Viel zu wenig.

Ich zupfte ein Blütenblatt ab, so wie früher als kleines Mädchen, wenn ich mit einem Gänseblümchen »Er liebt mich, er liebt mich nicht« gespielt hatte, und sah zu, wie es zu Boden trudelte.

Statt regelmäßig mit einer Freundin abends ins Kino zu gehen oder im Verein Badminton zu spielen, wie ich es noch vor den Kindern gemacht hatte, konzentrierte ich mich seit Jahren fast ausschließlich auf meine Rollen als Angestellte, Mutter und Hausfrau – und versuchte zudem, mir jede freie Minute für Chris zu reservieren. Mit dem Ergebnis, dass ich abends oft enttäuscht alleine auf dem Sofa saß, weil Chris meist lange arbeitete oder mit den Kollegen noch ein Bier trinken ging oder sich am Wochenende rauszog, um eine Runde Tennis zu spielen. Hatte ich etwa ihn und unsere Zweisamkeit zu sehr in den Fokus gerückt und darüber mich und meine Bedürfnisse zu sehr vernachlässigt?

Ich ließ das letzte Blütenblatt fallen, das sich auf meiner Schuhspitze niederließ.

»Was meinen Sie, wollen wir weitergehen?«, holte mich der alte Mann aus meinen Gedanken zurück.

Ein Blick auf die Uhr ließ mich zusammenzucken. Mist, so spät war es schon. Ruckartig stand ich auf. »Autsch!« Am liebsten wäre ich direkt wieder auf den Stein zurückgesunken. Meine Beine, meine Füße, mein Rücken – alles tat weh. »Können wir nicht ein Taxi rufen?«, fragte ich mit leidender Miene. »Ich glaube, ich kann keinen Schritt mehr laufen.«

»Sie Ärmste«, erwiderte der alte Mann und schmunzelte. »Ich glaube, Sie brauchen etwas Medizin.«

FREMDE SPRACHEN

»Dahinten ist es schon«, sagte der alte Mann etwa fünf Minuten später und deutete auf ein kleines Haus, das hinter dem nächsten Hügel auftauchte.

»Was ist dort?«, fragte ich erstaunt.

»Der Ort, an dem wir noch einmal richtig Kraft tanken werden.«

»Ist das eine Alm?«, erkundigte ich mich. Ich hatte auf den letzten Metern keinen Wegweiser gesehen, der auf eine Gastronomie hingewiesen hätte, und konnte vor dem Haus auch keine Terrasse mit Tischen und Bänken ausmachen. Stattdessen grasten drei weiße Ziegen davor, deren bimmelnde Glöckchen ich schon vor einer Weile vernommen hatte.

»Nein«, antwortete der alte Mann. »Da wohnt eine gute Freundin von mir.«

»Ist das urig hier«, bemerkte ich verzückt, als wir direkt vor dem windschiefen Häuschen standen. Es war komplett aus Holz gezimmert, hatte dunkelgrüne Läden an allen Fenstern sowie Blumenkästen mit üppigen

Hängegeranien davor. Neben dem Haus war ein großer Stapel Brennholz aufgeschichtet.

»Kommen Sie, wir schauen mal, ob sie da ist.«

Der alte Mann klopfte an die Holztür, die mit kunstvollen Schnitzereien verziert war, und öffnete sie. Dann trat er ein. Ich folgte ihm in einen gemütlichen Raum mit einem alten Kachelofen, neben dem eine rustikale Eckbank und ein Holztisch standen. Die Fenster wurden von rot-weiß karierten Vorhängen umrahmt, und auf dem Tisch stand eine kleine bauchige Vase mit frischen Wildblumen.

»Servus Rosi, bist du da?«, rief der alte Mann und sah sich suchend um.

»Wer ist da?«, rief eine Stimme zurück, die anscheinend von oben kam. Dann hörte ich ein Knarzen. Kurz darauf erschienen zwei Füße auf der steilen Treppe am Ende des Raumes, die in grauen Filzpantoffeln steckten. Ihnen folgte eine Frau um die sechzig, mit kurzem grauem Haar, Apfelbäckchen und wachen braunen Augen.

»Hey, du alter Rumtreiber. Was führt dich denn hierher?«, fragte sie, während sie lachend auf den alten Mann zuging und ihn umarmte.

Dann wandte sie sich an mich. »Und wen hast du mitgebracht?«

Ich gab ihr die Hand und stellte mich vor.

»Wir haben eine lange Wanderung hinter uns und

brauchen dringend eine Tasse von deinem guten Kräutertee«, erklärte der alte Mann.

»Soso«, sagte Rosi. »Na, dann setzt euch mal.« Und damit verschwand sie durch eine Schwingtür aus Holz, hinter der ich die Küche vermutete.

»Bitte, nehmen Sie Platz«, forderte mich der alte Mann auf und deutete auf die Eckbank. Ich setzte mich hin, streckte die Beine unter dem Tisch aus und spürte, wie sich meine Muskeln lockerten. Der alte Mann setzte sich auf die Bank gegenüber. Aus der Küche drang leises Geklapper zu uns herüber.

»Woher kennen Sie sich?«, fragte ich.

»Rosi ist meine älteste Freundin. Wir sind zusammen aufgewachsen«, antwortete der alte Mann.

Die Schwingtür öffnete sich, und Rosi erschien mit einem Tablett, auf dem eine längliche Tonflasche und drei kleine Schnapsgläser standen.

»So, der Tee muss noch ein paar Minuten ziehen. Aber wie ich dich kenne, bist du doch eh deshalb gekommen«, sagte sie und zwinkerte dem alten Mann zu. Dann stellte sie das Tablett auf den Tisch und setzte sich neben ihn auf die Bank.

»Überführt.« Er lachte, nahm die Flasche, schenkte in jedes Glas eine dunkelbraune Flüssigkeit ein und verteilte dann die Gläser. »Rosi macht den besten Schnaps weit und breit. Er ist wie Medizin. Genau das, was wir jetzt brauchen, um unsere Lebensgeister wieder aufzuwecken.« Dann hob er sein Glas und nickte Rosi und mir zu. »Zum Wohl.«

Wir erhoben ebenfalls unsere Gläser. »Zum Wohl.«

Vorsichtig nippte ich an meinem Schnaps. Er schmeckte angenehm süß, und ich spürte das Aroma würziger Kräuter auf meiner Zunge. Rosi und der alte Mann hatten ihre Gläser bereits geleert und wieder abgestellt. Auch ich trank den Rest nun in einem Zug aus. Schon im Hals spürte ich die angenehme Wärme des hochprozentigen Gebräus, die sich wenige Sekunden später in meinem ganzen Körper ausbreitete. »Mhm«, sagte ich anerkennend, »das tut wirklich gut.«

»Rosi ist eine Kräuterhexe«, sagte der alte Mann und schenkte seiner Freundin ein stolzes Lächeln. »Es gibt keine Pflanze auf diesem Berg, die sie nicht mit Namen kennt. Und ihre Schnäpse, Tees und Salben sind weit über die Region hinaus bekannt.«

»Gib nicht so an.« Lachend knuffte Rosi ihn in die Seite. »Erzähl mir lieber, wie viele Sprachen du inzwischen sprichst«, sagte sie und zwinkerte ihm zu.

»Reicht Englisch in Ihrem Beruf nicht aus?«, fragte ich den alten Mann interessiert.

Die beiden lachten, als hätte ich gerade einen großartigen Scherz gemacht.

»Doch, meistens schon«, erwiderte er. »Aber das meinte Rosi nicht.«

»Was denn dann?«, fragte ich irritiert.

»Wir haben über die fünf Sprachen der Liebe gesprochen«, klärte Rosi mich auf. Dann erhob sie sich. »Ich schaue mal nach dem Tee, der müsste jetzt fertig sein«, sagte sie, nahm das Tablett und verschwand wieder durch die Schwingtür.

»Sprachen der Liebe? Hab ich noch nie gehört«, wandte ich mich neugierig an den alten Mann. »Was meinen Sie damit?«

»Nun, es gibt nicht nur vier Ohren, mit denen wir eine Botschaft hören, es gibt darüber hinaus fünf unterschiedliche Sprachen, mit denen wir unsere Liebe ausdrücken können. Und wenn wir und unser Partner unterschiedliche Sprachen sprechen, dann verstehen wir einander nicht, so als würde der eine Deutsch und der andere Chinesisch sprechen. Dann kommt es ständig zu Missverständnissen.«

»Genau«, pflichtete Rosi ihm bei, die mit dem Tablett wieder aus der Küche kam, auf dem jetzt drei dampfende Teetassen standen. Sie stellte sie vor uns auf den Tisch und setzte sich wieder zu uns.

Ich nahm meine Tasse und schnupperte daran. »Riecht exotisch«, sagte ich.

»Das Rezept habe ich aus einem Kloster in Sri Lanka mitgebracht.«

»Sri Lanka?«, fragte ich verwundert, weil ich angenommen hatte, dass Rosi ein zurückgezogenes Leben in diesem einsamen Häuschen führte.

Rosi lachte. »Hier oben in den Bergen halte ich es meist nur ein paar Wochen aus. Danach zieht es mich wieder in die Ferne, weil ich mich, seit ich denken kann, für fremde Kulturen, Religionen und Bräuche interessiere. Deshalb bin ich Reisejournalistin geworden.«

»Und was sind nun die fünf Sprachen der Liebe?«, griff ich unser voriges Gesprächsthema wieder auf.

»Die sind mir ebenfalls auf einer meiner Reisen begegnet«, erklärte Rosi. »Und sie haben mein Denken in Bezug auf die Liebe sehr zum Positiven verändert.«

»Als mir Rosi damals, als meine Frau mich verlassen

hatte, von den fünf Sprachen erzählte, haben sie auch mir in vielerlei Hinsicht die Augen geöffnet«, stimmte ihr der alte Mann zu.

Einen kurzen Moment überlegte ich. Sollte ich Rosi in meine Probleme einweihen? Ich sah die beiden an, bemerkte, wie sie einvernehmlich lächelten, und hatte das sichere Gefühl, Rosi vertrauen zu können. »Dann bin ich hier ja genau richtig«, stellte ich deshalb fest und blickte ihr direkt in die Augen. »Auch ich stecke gerade in einer ziemlich festgefahrenen Beziehung. Meinen Sie, die Sprachen der Liebe könnten mir weiterhelfen?«

»Ganz bestimmt«, bestätigte Rosi, und auch der alte Mann nickte zustimmend. »Würden Sie gerne wissen, welche Sprachen Sie sprechen?«

»Ja, unbedingt.« Ich nahm meine Tasse und pustete vorsichtig auf den heißen Inhalt.

»Was ist Ihnen in Ihrer Beziehung besonders wichtig?«, fragte Rosi.

»Nähe«, erwiderte ich, ohne groß darüber nachzudenken, und stellte die Tasse wieder ab. Der Tee war mir noch zu heiß zum Trinken. »Dass mein Partner für mich da ist, mich versteht. Und dass wir die gleichen Werte teilen«, fügte ich hinzu.

»Und wie viel von dem, was Ihnen wichtig ist, bekommen Sie in Ihrer Partnerschaft?«, hakte Rosi nach.

»Die Werte sind kein Problem. Wir streiten fast nie

über Dinge wie Kindererziehung oder Geld, sondern haben sehr ähnliche Vorstellungen davon, was uns im Leben wichtig ist.«

»Darf ich raten? Das mit der Nähe ist schwieriger?«, vermutete Rosi.

»Genau. Ich fühle mich oft nicht richtig gesehen.«

»Inwiefern?«, klinkte sich der alte Mann ein.

»Mein Mann Christian macht mir zum Beispiel nie Komplimente. Wenn ich etwas Hübsches anhabe, fällt ihm das gar nicht auf, und ich muss immer nachfragen: ›Na, wie gefällt dir mein Kleid?‹ Dann schaut er nur kurz hin und sagt: ›Ja, ganz nett.‹ Das klingt aber mehr wie die Erfüllung einer lästigen Pflicht als wie ein ernst gemeintes Kompliment.«

»Verstehe.« Rosi nickte.

»Erst neulich hatten wir deswegen wieder einen heftigen Streit.«

»Was ist denn vorgefallen?«, fragte Rosi.

»Mein Mann geht jeden Samstagmorgen nach dem Frühstück einkaufen, während ich mich um alles kümmere, was unter der Woche so liegen geblieben ist. Vor ein paar Wochen aber hatte ich einen Friseurtermin und habe mir mein halblanges Haar ein gutes Stück abschneiden lassen. Außerdem habe ich ein hübsches neues Kleid angezogen, das mein Mann noch nicht kannte, und fand mich richtig attraktiv. Als er heimkam, stand ich gerade in der Küche und räumte die

Spülmaschine aus. Er hat die Einkäufe auf die Arbeitsplatte gestellt, mir einen flüchtigen Kuss auf die Wange gegeben und nichts gesagt. Stattdessen hat er mir, wie jeden Samstag, ein paar in Plastik verpackte Blumen aus dem Supermarkt in die Hand gedrückt und ›Hier, für dich‹ gemurmelt, ohne mich dabei richtig anzusehen. In diesem Moment habe ich mich gefühlt, als wäre ich Luft für ihn. Das hat mich wahnsinnig verletzt.« Ich stockte. Die unschöne Szene, die sich danach abgespielt hatte, war mir peinlich.

»Haben Sie es ihm gesagt?«, wollte der alte Mann wissen.

Ich zögerte. Diesen Streit hatte ich sogar meiner besten Freundin verschwiegen. Doch dann gab ich mir einen Ruck. »Mich überkommt in solchen Momenten eine wahnsinnige Wut. Ich hab den Strauß auf die Arbeitsplatte geknallt und geschrien: ›Deine lieblosen Supermarktblumen kannst du behalten. Wenn du mich wirklich lieben würdest, dann würdest du mich vielleicht auch mal ansehen.‹«

»Und wie hat Ihr Mann reagiert?«

»Er war natürlich gekränkt, hat nur gesagt: ›Gut, dann bringe ich eben keine Blumen mehr mit.‹ Er hat überhaupt nicht verstanden, worum es mir ging«, erklärte ich beschämt und spürte, dass meine Wangen ganz heiß geworden waren. »Wenn ich es jetzt so erzähle, klingt das ziemlich peinlich.«

»Gar nicht«, widersprach Rosi und legte ihre Hand auf meine. »Wenn Sie wüssten, wie oft ich in meinen Beziehungen schon so aus der Haut gefahren bin.« Sie zog ihre Hand wieder zurück und trank einen Schluck Tee aus ihrer Tasse.

»Auch ich kann Ihre Gefühle gut nachvollziehen«, beruhigte mich der alte Mann. Er sah mich intensiv mit seinen blauen Augen an. Sein Blick hatte etwas Tröstliches. »Diese in Plastik verpackten Supermarktblumen wirken lieblos auf Sie. Und weil Ihr Mann sie jede Woche mitbringt, glauben Sie, dass dieser Strauß keine tiefere Bedeutung hat. Sie denken, er will Sie damit nur ruhigstellen, frei nach dem Motto: ›Schau her, wie nett ich zu dir bin. Mehr kannst du nicht von mir erwarten.‹«

»Ja, genauso ist es!«

»Aber«, fügte der alte Mann hinzu, »das ist *Ihre* Realität. Wer sagt denn, dass aus seinem Blickwinkel die Dinge genauso aussehen? Und wer entscheidet, ob ein Kompliment mehr über seine Liebe zu Ihnen aussagt als ein Strauß Blumen? Auch wenn dieser nicht hübsch von einer Floristin gestaltet wurde, sondern in Plastik verpackt ist?«

Ich nahm meine Tasse und trank einen Schluck Tee, der inzwischen nicht mehr ganz so heiß war. Der Tee schmeckte süß-herb und ein wenig holzig, und seine Wärme tat mir gut. In diesem Moment fiel mein Blick auf meinen braunen Rucksack, der neben Rosi auf der

Bank gegenüber lag. An seinem Reißverschluss baumelte ein kleiner silberfarbener Eiffelturm aus Metall, den Chris mir einmal von einer Geschäftsreise aus Paris mitgebracht hatte. »Mein Mann bringt mir gern irgendwelche Kleinigkeiten mit«, erklärte ich weiter, »so wie das Ding hier. Es ist sicher nett gemeint, aber es ist eben nicht das, was ich will. Und ich habe ihm auch schon so oft gesagt, dass mir Komplimente oder ein paar anerkennende Worte aus seinem Mund viel mehr bedeuten würden.«

»Damit hätten wir auch schon die erste der fünf Liebessprachen gefunden, die Sie sprechen und gut verstehen. Komplimente und Worte der Anerkennung«, folgerte Rosi.

»Auf welche andere Art und Weise möchten Sie gerne die Liebe Ihres Mannes spüren?«, erkundigte sich der alte Mann.

»Durch Zweisamkeit«, antwortete ich. Dann räusperte ich mich verlegen. »Und durch Zärtlichkeit.«

»Zweisamkeit und Zärtlichkeit sind jeweils eigene Sprachen«, ordnete Rosi meine Worte ein.

»Und wenn ich das eben richtig verstanden habe, sind Ihnen Geschenke weniger wichtig?«, fragte der alte Mann.

»Natürlich ist es nett, ab und zu ein Geschenk zu bekommen. Aber grundsätzlich bedeuten mir materielle Dinge sehr wenig. Deshalb wünsche ich mir schon seit

Jahren keine Gegenstände mehr von meinem Mann zu Weihnachten oder zum Geburtstag. Viel lieber möchte ich Zeit mit ihm verbringen, zum Beispiel einen schönen Wellnesstag erleben oder mal wieder zu zweit schick essen gehen. Aber leider hält Chris sich oft nicht daran und kommt dann doch mit einer teuren Uhr oder mit Schmuck daher. Da habe ich mich schon einige Male richtig geärgert, weil mir eine Uhr reicht und ich sowieso kaum Schmuck trage. Ich finde solche Geschenke einfallslos und überflüssig.«

»Auch Geschenke sind eine Sprache«, erläuterte Rosi.

»Aber die sprechen Sie offenbar nicht«, ergänzte der alte Mann. Dann griff er zu der Tonflasche. »Ich könnte noch ein Schnäpschen vertragen. Wie sieht es mit Ihnen aus?«

»Gerne«, antwortete ich und schob ihm mein Glas rüber.

»Und du, Rosi?«, fragte er.

Sie nickte. »Wie wichtig ist es Ihnen, dass Sie sich gegenseitig im Alltag unterstützen und helfen?«, wollte Rosi dann, wieder zu mir gewandt, wissen, während der alte Mann unsere Gläser füllte.

»Es ist mir ebenfalls sehr wichtig. Das klappt auch ganz gut bei uns. Mein Mann hat kein Problem damit, zu Hause mit anzupacken, zum Beispiel den Abendbrottisch zu decken oder die Spülmaschine auszuräumen.«

»Prost«, sagte der alte Mann und hob sein Glas. »Prost«, stimmten Rosi und ich wieder ein. Dann leerten wir alle unsere Gläser.

»Okay«, fuhr Rosi fort, »damit hätten wir alle fünf Sprachen: Worte der Anerkennung, Zärtlichkeit, Zweisamkeit, Geschenke und Unterstützung. Und Sie sprechen vier davon.«

»Stimmt«, bestätigte ich und nickte.

»Sprechen Sie denn auch alle vier mit Ihrem Mann?«, erkundigte sich der alte Mann.

»Ich denke schon«, antwortete ich, nachdem ich kurz nachgedacht hatte. »Zum Beispiel finde ich, dass er ein toller Vater ist, und das sage ich ihm auch oft. Außerdem fällt es mir leicht, ihm Komplimente zu machen, weil ich ihn nach wie vor attraktiv finde. Und bei den anderen drei Sprachen gebe ich mir ebenfalls Mühe.«

»Welche Sprache ist Ihnen am wichtigsten?«, fragte der alte Mann.

»Die Zweisamkeit.«

»Und welche Sprachen spricht Ihr Mann?«, wollte Rosi wissen.

Ich lehnte mich zurück und dachte nach. Dabei betrachtete ich die Bilder an den Wänden. Auf allen waren unterschiedliche Pflanzenmotive zu sehen, die mit zarten Tuschestrichen liebevoll gezeichnet worden waren.

»Unterstützung, Geschenke und Zärtlichkeit«, antwortete ich schließlich. Wobei das mit der Zärtlichkeit so eine Sache war … Aber sollte ich das jetzt auch noch preisgeben? Ich betrachtete die zwei sympathischen Gesichter, in die das Leben bereits zahlreiche Furchen gegraben hatte, und beschloss weiterzusprechen. »Seit wir Kinder haben«, fuhr ich fort, »sind die Zärtlichkeiten viel weniger geworden. Früher, als wir frisch verliebt waren, haben wir uns ständig berührt und geküsst. Heute bekomme ich zur Begrüßung einen flüchtigen Kuss, und ab und zu nimmt mein Mann mich mal in den Arm und drückt mich. Wenn wir abends auf dem Sofa sitzen und gemeinsam einen Film ansehen, sehne ich mich oft danach, dass er den Arm um mich legt und mich eng an sich zieht. Ich möchte dann seine Nähe spüren, so wie früher. Doch stattdessen tippt er zwischendurch immer wieder auf seinem Handy rum und chattet mit Freunden. Oder er sucht im Internet nach neuen Komponenten für sein Mountainbike. Auch darüber haben wir uns schon oft gestritten. Er sagt dann immer: ›Du kannst nachmittags, wenn du zu Hause bist, Nachrichten verschicken und im Internet surfen, aber ich sitze den ganzen Tag über im Büro und kann das nur abends machen.‹«

»Er versteht diese Sprache also, aber sie wird aus Ihrer Sicht nicht mehr genug gesprochen?«, schlussfolgerte Rosi und fuhr sich mit der Hand durch das graue Haar.

»Ja, genau!«

»Was bleibt dann also als Schnittmenge?«

»Nur die Unterstützung«, stellte ich fest und griff erneut nach meinem Tee. »Das ist ja ganz schön niederschmetternd«, seufzte ich frustriert und trank die Tasse leer.

»Warum?« Der alte Mann hob fragend die Augenbrauen.

»Na ja, weil das doch ein weiterer Beleg dafür ist, wie wenig wir eigentlich zusammenpassen.«

Rosi sah mich verblüfft an. »Finden Sie, dass das die Schlussfolgerung daraus ist?«

»Sie etwa nicht?«

»Nein. Eine andere Sprache ist schließlich kein unüberwindbarer Wall, der uns voneinander trennt. Sie ist lediglich eine andere Kommunikationsform. Was tun Sie denn, wenn Sie in ein anderes Land fahren, dessen Sprache Sie nicht verstehen?«

»Ich benutze meine Sprach-App, um mir die fremden Vokabeln zu übersetzen.«

»Eben, und in der Liebe kann das ganz genauso funktionieren«, warf der alte Mann ein. »Das Einzige, was wir dafür brauchen, ist Offenheit.«

»Offenheit, im Sinne von: ›Ich bin bereit, deine Sprache zu lernen und zu verstehen.‹?«

»Ja«, bestätigte der alte Mann und nickte.

»Da kommt mir direkt wieder die Szene mit den Blumen in den Sinn«, schaltete sich Rosi erneut ein. »Überlegen Sie doch mal, wie die Situation hätte ablaufen können, wenn Sie damals schon die Sprachen der Liebe gekannt hätten.«

Ich schloss die Augen und sah mich in der Küche, gerade damit beschäftigt, die Spülmaschine auszuräumen. Mein Haar war frisch geschnitten und perfekt frisiert, und ich trug das neue dunkelblaue Kleid, das die kleinen Pölsterchen auf meinen Hüften so wunderbar kaschierte und mich attraktiv und schlank aussehen ließ. Dann sah ich Chris, der mit einer Pappstiege voller Einkäufe aus dem Supermarkt in die Küche kam und sie auf die Arbeitsfläche stellte. Er nahm den rosafarbenen Strauß Tulpen, der obenauf lag, gab mir einen flüchtigen Kuss auf die Wange und überreichte mir die Blumen.

Chris hatte mir *kein* Kompliment gemacht, denn Worte der Anerkennung gehörten nicht zu seinen Sprachen. Aber er hatte mir einen Kuss gegeben und in der Sprache der Zärtlichkeit mit mir gesprochen, wenn auch nur flüchtig und nicht so intensiv, wie ich es mir gewünscht hätte. Und er hatte in der Sprache der Geschenke mit mir kommuniziert. Eine Sprache, die mir nichts bedeutete und die ich kaum wertschätzte, die ihm aber offensichtlich wichtig war. Er hatte mir also seine Liebe gezeigt, auf *seine* Art und Weise.

Ich öffnete die Augen und fasste zusammen, was mir

gerade klar geworden war: »Okay, ich verstehe jetzt, was Sie meinen. Je mehr man lernt, die Sprachen des Partners zu verstehen, umso besser versteht man auch sein Handeln.«

Ein Lächeln glitt über Rosis Gesicht. Und auch die blauen Augen des alten Mannes leuchteten zufrieden.

GEHEN ODER BLEIBEN?

»Sie hatten recht«, sagte ich. Dann drehte ich mich noch einmal um und winkte Rosi zu. Sie stand im Türrahmen und winkte zurück.

»Das freut mich«, antwortete der alte Mann schmunzelnd, »auch wenn ich gerade nicht weiß, womit ich recht hatte.«

Ich schmunzelte ebenfalls. »Damit, dass uns die Rast bei Rosi guttun würde. Ich fühle mich wirklich wieder fitter.«

»Ich mich auch«, pflichtete der alte Mann mir bei und richtete wie zu Demonstrationszwecken seinen Rücken gerade auf. »Unsere Wanderung neigt sich langsam dem Ende zu«, sagte er dann. »Wie sieht es aus, wollen Sie noch einmal zum Steinkreis zurückkehren?«

Ich dachte über seine Frage nach. Auch wenn es mir gerade wieder besser ging, spürte ich doch, dass meine Energiereserven nicht mehr lange halten würden. Außerdem hatte ich um diese Zeit schon längst wieder zurück in der Hütte sein wollen. Wo Chris wohl gerade steckte? Ob er noch auf seinem Fahrrad saß oder schon auf mich wartete? Kurz überlegte ich, ob ich mein Handy wieder einschalten sollte, um zu sehen, ob er angerufen oder eine Nachricht geschickt hatte. Doch dann entschied ich mich dagegen. Jetzt war noch nicht der richtige Zeitpunkt dafür. Stattdessen wollte ich lieber eine Weile alleine sein und über all das nachdenken, was ich heute erfahren hatte.

»Ich möchte gerne dorthin zurück«, antwortete ich deshalb. »Wie weit ist es denn?«

»Gar nicht mehr weit«, erwiderte der alte Mann. »Wir haben es fast geschafft.«

Inzwischen waren wir wieder in den Wald eingetaucht. Der Weg fiel nur noch sachte ab, und es tat gut, den weichen Boden unter meinen Schuhsohlen zu spüren, der um ein Vielfaches angenehmer war als die Geröllbrocken weiter oben. Dennoch freute ich mich schon auf den Moment, in dem ich die schweren Wanderschuhe von meinen Füßen streifen würde. Zu Hause trug ich im Alltag überwiegend bequeme Sneakers, die im Gegensatz zu diesem robusten Schuhwerk kaum Gewicht hatten. Doch es würde noch eine Weile dauern, bis ich in unserer gemütlichen Hütte sein würde, denn obwohl der Tag sich bereits dem Ende zuneigte, wollte ich nun unbedingt etwas am Steinkreis verweilen. Verrückt, wie anders als ursprünglich geplant dieser Tag heute doch verlaufen war. Hoffentlich war Chris nicht mehr schlecht gelaunt, wenn ich nach Hause kam. Der Gedanke an ihn versetzte mir einen Stich.

»Was beschäftigt Sie?« Der alte Mann hatte mit seinen feinen Antennen meinen Stimmungswechsel offensichtlich bemerkt.

»Ach«, seufzte ich, »irgendwie macht es mich gerade wieder traurig, wenn ich an Chris denke. Ich wette, er hat heute nicht eine Sekunde lang über unseren Streit nachgedacht.«

»Sind Sie sich da so sicher?«, fragte der alte Mann zweifelnd. »Vielen Männern fällt es schwer, über ihre Gedanken und Gefühle zu sprechen. Das bedeutet aber nicht, dass sie nicht da sind.« Er blieb stehen und sah mir in die Augen. »Ich spreche aus Erfahrung«, fügte er hinzu, als er meinen skeptischen Gesichtsausdruck sah.

»Wahrscheinlich haben Sie recht«, murmelte ich leise und ging weiter. »Trotzdem ist da ein Gedanke, der mich in letzter Zeit immer häufiger beschäftigt und den ich einfach nicht mehr loswerde.«

»Möchten Sie ihn mir verraten?«

»Ich frage mich, ob das mit Chris und mir überhaupt noch einen Sinn hat. Es gibt so viele Männer auf dieser Welt, vielleicht habe ich mir einfach den Falschen ausgesucht?«

Der alte Mann runzelte nachdenklich die Stirn. »Was hält Sie denn davon ab, zu gehen?«, fragte er nach einer Weile.

»Na ja, in meiner Fantasie habe ich den Gedanken, wie es wäre, Chris zu verlassen, schon ab und zu durchgespielt«, gab ich zu. »Eine Trennung würde bedeuten, dass von heute auf morgen alles anders wäre. Einer von uns müsste ausziehen. Wir müssten uns das Sorgerecht für unsere drei Kinder teilen. Finanziell wäre alles viel knapper … davor habe ich natürlich Angst.«

Vor uns auf dem Weg flatterten zwei bunte Schmetterlinge umeinander. Ich blieb stehen und beobachtete die beiden. Ob sie ein Liebespaar waren? Warum nur war in der Natur alles so viel einfacher als bei uns Menschen?

»Außerdem«, fuhr ich fort, während ich den Schmetterlingen weiter zusah, »wer sagt mir denn, ob ich allein glücklicher wäre?

Oder ob ich einen neuen Partner finden würde? Und wenn ja, woher wüsste ich dann, ob er der Richtige ist? Bei Chris habe ich das schließlich auch gedacht. Sonst hätte ich ihn ja nicht geheiratet und drei Kinder mit ihm bekommen. Vielleicht würde ich nach ein paar Wochen oder auch erst nach ein paar Jahren merken, dass auch der Neue nicht zu mir passt, und müsste dann wieder ganz von vorne anfangen …«

Ich löste meinen Blick von dem tanzenden Schmetterlingspaar, das inzwischen den Weg verlassen hatte und ins Unterholz flog. Dann sah ich den alten Mann an. »Was denken Sie, gibt es die große Liebe? Den *einen* Menschen, für den wir bestimmt sind?«

»Ach, wissen Sie«, antwortete der alte Mann bedächtig, »an die Liebe aus Hollywoodfilmen, in denen sich zwei Menschen in die Augen schauen und ab diesem Moment bis zu ihrem letzten Tag glücklich zusammenleben, glaube ich nicht. Und auch nicht daran, dass jeweils zwei Menschen auf diesem Planeten füreinander bestimmt sind. Auch wenn wir uns alle wünschen, dass es so wäre.«

»Ich glaube auch nicht daran«, seufzte ich wehmütig.

Schweigend liefen wir weiter. Erst jetzt fiel mir auf, wie die kleinen Äste und Nadeln bei jedem Schritt unter unseren Füßen knackten. Ich liebte dieses Geräusch. Es erinnerte mich an die Waldspaziergänge glücklicher Kindheitstage, die ich manchmal an den Wochenenden mit meinen Eltern unternommen hatte. Damals, als ich noch an Feen und Einhörner glaubte und jeder Wald ein verwunschener Ort für mich war. Stets hatte ich darauf gehofft, dass sich mir eines dieser Zauberwesen zeigen würde, und hatte gespannt allen Geräuschen gelauscht, die der Wald preisgab.

»Trotzdem glaube ich an die große Liebe«, griff der alte Mann unseren Gesprächsfaden wieder auf. »Aber an eine andere, als uns in Schmonzetten vorgegaukelt wird. Ich habe in meinen knapp dreißig Jahren als Bergführer so viele Paare gesehen, in einfachen und extremen Situationen. Und ich bin mir ziemlich sicher, dass ich am Ende des Tages sagen kann, wer von ihnen zusammen alt wird und wer nicht.«

»Wirklich?«

»Ja, dafür bekommt man einen Blick.«

»Und woran erkennen Sie die Paare, die zusammenbleiben?«

»Es sind diejenigen, die auch den Schwächen ihres Partners mit einem Lächeln begegnen. Ich habe mal ein Paar um die sechzig begleitet. Nach zwei Drittel der Strecke war die ältere Dame ziemlich erschöpft, doch ihr Mann wollte unbedingt weiter zum Gipfel. Solche Situationen erlebe ich oft. Die meisten Paare beginnen dann zu diskutieren, manche fangen auch an zu streiten.«

»Und was hat dieses Paar gemacht?« Ich bückte mich und hob einen Tannenzapfen auf.

»Die ältere Frau hat gelacht und gesagt: ›Ach, wissen Sie, mein Hubert ist ein echtes Alphatier, er kann einfach nicht nachgeben. Früher hab ich mich oft wahnsinnig darüber geärgert. Heute schmunzle ich darüber und mache das Beste draus. Ich setze mich jetzt in diese Hütte dort und lese das Buch, das ich mir mitgenommen habe, während er sich noch bis zum Gipfel abrackert. Und wenn er mich später abholt, hat jeder was für sich getan, und wir sind bester Laune.‹«

»Klingt sympathisch«, sagte ich und befürchtete, dass Chris und ich wahrscheinlich zu den Paaren gehörten, die sich streiten würden. »Glauben Sie, dass glückliche Paare mehr Kompromisse machen als andere?«

»Nicht unbedingt. Ich glaube, dass jedes Paar seinen eigenen Weg finden muss.«

»Wahrscheinlich«, pflichtete ich ihm bei und betrachtete den Zapfen in meiner Hand. Er erinnerte mich an die lustigen kleinen Wichtel, die ich früher mit meinen Töchtern aus Tannenzapfen gebastelt hatte.

»Wissen Sie, was ich mich schon oft gefragt habe?«

Der alte Mann schüttelte den Kopf.

»Woher weiß man, ob man gehen oder bleiben soll?«

»Nun ja«, begann der alte Mann, »als ich damals, nachdem sich meine Frau von mir getrennt hatte, zum Steinkreis kam, habe ich über dieselbe Frage nachgedacht. Ich habe mich gefragt, was ich an meiner Frau liebe und was mich an ihr stört. Was bei uns gut gelaufen ist und was nicht. Und ich habe mich gefragt, welche Fehler ich in unserer Beziehung gemacht habe und was ich verbessern kann. Zuletzt habe ich mir vorgestellt, wie meine Zukunft ohne sie aussehen würde, mit allen Konsequenzen. Am Ende wusste ich, dass ich um unsere Liebe kämpfen will.«

Ich bemerkte, dass sich der Wald allmählich lichtete. Sah den grauen Himmel, der sich mehr und mehr ausdehnte. Ich dachte an Chris. An seine Eigenheiten, die mich manchmal schier in den Wahnsinn trieben. Spürte die Traurigkeit, die mich in den letzten Jahren so oft begleitet hatte. Doch da war noch mehr: die Wärme, wenn er mich in den Arm nahm und fest an sich drückte. Das tiefe Vertrauen, das ich zu ihm hatte. Sein Lachen, wenn er mit unseren Mädchen durchs Haus tobte. Sein sorgenvoller Blick, als ich vor drei Jahren einen Knoten in meiner linken Brust entdeckt hatte, der Gott sei Dank gutartig gewesen war. Es gab so vieles, was ich immer noch an ihm liebte, egal wie weit wir uns inzwischen voneinander entfernt hatten. Wollte ich das wirklich alles verlieren?

DIE ANTWORT

»Da sind wir wieder«, rief der alte Mann fröhlich, als wir den Platz mit dem Steinkreis erreicht hatten.

»Endlich«, seufzte ich erleichtert. Das Licht fiel jetzt weicher auf die Steine als am Vormittag, und obwohl der Himmel immer noch grau und die Umgebung nebelverhangen war, lag ein friedlicher Schleier über diesem Ort. Ich schritt zwischen den Steinen hindurch, berührte jeden einzelnen sachte mit der Hand und hatte das Gefühl, dass bei jeder Berührung ein Hauch Energie zu mir zurückkehrte. Dann ging ich in die Mitte und ließ mich auf dem runden Felsen mit der Inschrift nieder. »Werde ich hier wirklich eine Antwort bekommen?«, fragte ich mich im Stillen und betrachtete die massiven Steine, denen die Menschen vor langer Zeit magische Kräfte zugeschrieben hatten und die mich an wehrhafte Krieger erinnerten.

Der alte Mann, der die ganze Zeit über am Rande des Steinkreises gestanden hatte, kam jetzt zu mir herüber und setzte sich neben mich. »Sie sind hier richtig«, versicherte er mir, so als hätte er meine Frage gehört und als wollte er mir, stellvertretend für die Steine, eine Antwort geben. In seinen Augen lag ein Ausdruck, den ich als Zuversicht deutete.

»Mal angenommen, ich verstehe wirklich, wo der Kern unserer Probleme liegt, und finde eine Lösung – schließlich haben Sie mir viele wertvolle Denkanstöße geliefert, und ich sehe jetzt einiges klarer als noch heute Morgen. Wie bringe ich dann meinen Mann dazu, sich zu ändern?«

Erstaunt hob der alte Mann eine Augenbraue. »Das brauchen Sie nicht.«

»Aber wenn er sich nicht ändert, bleibt doch alles beim Alten«, entgegnete ich irritiert.

»Ich glaube, Sie haben mich missverstanden.« Der alte Mann runzelte die Stirn. »Es ist nicht Ihre Aufgabe, Ihren Mann zu verändern.«

Nun war ich komplett verwirrt. »Wie sollen sich denn dann unsere Probleme lösen?«, platzte es heftig aus mir heraus.

Ein väterliches Lächeln huschte über sein Gesicht. »Ich glaube, Sie kennen die Antwort bereits.«

Ich ahnte, worauf er hinauswollte. »Bestimmt wollen Sie andeuten, dass zu Konflikten immer zwei gehören und auch ich Dinge an mir verändern muss. Da haben Sie sicherlich recht. Aber«, fügte ich mit gereiztem Unterton hinzu, »es kann doch nicht sein, dass nur ich an mir arbeite. Wenn es bei uns nicht gut läuft, ist das schließlich nicht allein meine Schuld.« Ich spürte Groll in mir aufsteigen. Auch Chris gab mir immer wieder das Gefühl, dass ich die Ursache unserer Probleme war und nur *ich* mich ändern sollte. Und nun blies der alte Mann ins gleiche Horn.

»Meinen Sie wirklich, dass die Frage nach der Schuld eine Rolle spielt?«, fragte dieser, und seine Stimme klang besänftigend. Doch sie verfehlte ihre Wirkung.

»Ja, natürlich«, gab ich etwas ungehalten zurück.

»Und warum glauben Sie das?«

»Weil …«, ich hielt inne, »na ja, weil …«, schnaufend stand ich auf und umkreiste den Stein, auf dem der alte Mann nun alleine saß. »Weil ich sonst das Gefühl hätte, für unsere Probleme alleine die Verantwortung zu tragen.« Ich blieb vor ihm stehen und sah ihn aufgebracht an.

Der alte Mann massierte nachdenklich sein Kinn. »Okay, verstehe. Das ist natürlich kein schönes Gefühl. Und natürlich entspräche das auch nicht den Tatsachen. In einer Beziehung tragen immer beide die Verantwortung.« Er faltete die Hände in seinem Schoß. »Ich meinte das auch anders: Glauben Sie wirklich, dass Ihnen die Klärung der Schuldfrage weiterhilft? Denken Sie mal an folgendes Beispiel: Sie haben schrecklichen Durst und wollen ein Glas Wasser trinken. Gerade, als Sie es zum Mund führen, stoßen Sie unglücklich mit

Ihrem Mann zusammen, und das Glas fällt zu Boden. Wer ist daran schuld?«

Ich sah die Szene bildlich vor meinem Auge. Mein Mann und ich in der Küche, das zerbrochene Glas auf dem Boden. Chris hatte die Arme vor der Brust verschränkt, ich die Hände in die Hüften gestemmt. »Kannst du nicht aufpassen!«, zischte ich vorwurfsvoll.

»Du bist doch direkt in mich reingelaufen«, blaffte Chris zurück.

»Von wegen. Du hast mich geschubst«, konterte ich.

Von außen betrachtet wirkte die Szene geradezu lächerlich.

»Und?«, holte mich der alte Mann aus meinen Gedanken zurück. »Wer hat jetzt Schuld?«

»Keiner.« Ich musste lachen. »Und statt drüber zu streiten, sollte besser einer ein Kehrblech holen und die Scherben auffegen und der andere ein neues Glas aus dem Schrank nehmen und Wasser einschenken.«

»Vorschlag angenommen.« Der alte Mann schmunzelte, als hätte auch er die absurde Szene im Geiste miterlebt. »Uns gegenseitig die Schuld zuzuschieben, bringt uns nämlich nicht weiter. Im Gegenteil, es wird uns immer mehr entzweien und voneinander entfernen. Wenn es ein Problem gibt, dann zählt nur eines: die Suche nach der Lösung.«

Ich ging zu einem der großen Steine und lehnte mich dagegen. »Aber«, kam ich noch mal zu unserer Ausgangsfrage zurück, »selbst wenn wir die Schuldfrage weglassen, bringt es doch nichts, wenn nur ich die Dinge verstehe und mich verändere.«

»Mhm.« Der alte Mann zog nachdenklich die Augenbrauen zusammen. »Denken Sie doch mal an ein Uhrwerk.«

»Ein Uhrwerk?«

»Haben Sie schon einmal eines gesehen?«

»Ja, mein Mann hat eine Uhr mit einem Glasboden.«

»Und?«

»Na ja, da sind diese vielen kleinen Zahnräder, die ineinandergreifen …« Noch während ich die Worte aussprach, begriff ich, was er meinte. »Das erste Rädchen, das sich dreht, schiebt die anderen an.«

»Genau.« Er nickte. »Menschen, die zueinander in einer Beziehung stehen, bilden ein System. Das kleinste davon sind zwei Personen. Jede Aktion und Reaktion hat eine unmittelbare Wirkung auf das gesamte System. Wenn Sie Dinge ändern, wird sich auch Ihr Mann bewegen. Aus eigenem Impuls heraus. Nur so kann etwas positives Neues entstehen. Alles, was wir dem anderen aufnötigen, macht den Graben zwischen uns lediglich tiefer. Nur wenn wir uns gegenseitig Raum geben, können wir als Paar mit- und aneinander wachsen.«

Es war, als würde sich in diesem Moment eine Tür in mir öffnen, die lange Zeit verschlossen war. Warum nur hatte ich all das nicht selbst gesehen, fragte ich mich und seufzte. Dann lächelte ich den alten Mann dankbar an.

Er stand auf. »Nun ist es aber wirklich spät geworden, und es wird Zeit für mich zu gehen.« Er kam auf mich zu und reichte mir die Hand. »Ich wünsche Ihnen alles Gute auf Ihrem weiteren Weg.«

»Danke für alles«, erwiderte ich, während ich sie ergriff. Sein Druck war fest, seine Hand trocken und warm. Für einen kurzen Moment standen wir einfach nur da, schwiegen und sahen uns in die Augen. Dann ließ er meine Hand los und sah nach oben, so als suchte er etwas über unseren Köpfen.

»Wissen Sie«, sagte er, »als wir heute den Adler gesehen haben, ist mir ein Sprichwort eingefallen, das mein Großvater immer zitierte, wenn mein jüngerer Bruder und ich uns stritten, und über das ich auch hier beim Steinkreis bereits nachgedacht habe.«

»Wie lautet es?«, fragte ich neugierig.

»Mit den Augen des Adlers sehen wir die Fehler der anderen. Mit den Augen des Maulwurfs unsere eigenen.« Er lächelte.

»Leben Sie wohl.« Er nickte mir noch einmal freundlich zu und entfernte sich dann.

Ich sah ihm nach, als er den Berg hinablief und seine Gestalt immer kleiner wurde. Einmal drehte er sich noch um und winkte mir zu. Ich winkte zurück und spürte, wie mich ein Gefühl von Wehmut ergriff. Dieser Mann hatte etwas in meinem tiefsten Inneren berührt. Und obwohl ich ihn eigentlich kaum kannte, kam es mir dennoch so vor, als würde ich von einem guten Freund Abschied nehmen. Als er endgültig zwischen den dunklen Bäumen des Waldes verschwunden war, drehte ich mich um und begab mich erneut in die Mitte des Steinkreises. Ich ging in die Hocke und zeichnete abermals mit meinem Finger die Schriftzeichen nach. War es wirklich erst wenige Stunden her, dass ich dies zum ersten Mal getan hatte? Es fühlte sich an, als läge eine halbe Ewigkeit dazwischen. Ich spürte, wie sich eine angenehme Ruhe in mir ausbreitete. Die Erschöpfung von der langen Wanderung war wie weggeblasen.

Nach einer Weile setzte ich mich auf den Stein und schloss die Augen.

Plötzlich war ich gedanklich wieder in der Bergwand. Der Abgrund unter mir. Mein Herz hämmerte wie wild. »Manche Menschen wollen den Berg bezwingen«, hallte die Stimme des alten Mannes durch meinen Kopf, »dabei geht es darum, mit der Natur eins zu werden. Doch nur, wenn wir die Berge achten und ihren Gesetzen folgen, kann das gelingen.«

Warum erinnerte ich mich gerade jetzt an diese Worte? Vor ein paar Stunden schon, als der alte Mann sie ausgesprochen hatte, hatte ich das Gefühl gehabt, dass diese Botschaft etwas mit mir und meinem Leben zu tun hatte. Aber was war es?

Meine Hände berührten den Stein und wanderten zu der Inschrift, die Menschen vor Jahrtausenden hineingemeißelt hatten.

»Hört, seht, fühlt – und ihr werdet verstehen.«

Und plötzlich ergab alles einen Sinn. Chris war der Berg, und ich hatte versucht, ihn zu bezwingen.

Das gemeinsame Wanderwochenende war meine Idee gewesen. Ich hatte mir mehr Nähe und Zweisamkeit gewünscht, weil es meine Liebessprache war und weil ich davon in den letzten Jahren viel zu wenig bekommen hatte. Ich war frustriert, traurig, sehnte mich nach Nähe. So hatte ich kurzerhand dieses Wochenende gebucht und es Chris zum Geburtstag geschenkt, ohne einen Moment darüber nachzudenken, ob es auch seinen Bedürfnissen entsprach. Ich hatte es einfach vorausgesetzt. Für mich war natürlich klar gewesen, dass es bei diesem Wochenende um uns als Paar ging, daher hatte ich es mit keiner Silbe angesprochen. Aber hatte Chris das auch so gesehen? Vermutlich nicht. Da er immer wieder darüber klagte, wie sehr ihm sein Sport fehlte, hatte er dieses Geschenk vielleicht ganz anders aufgefasst. Als ein Wochenende, an dem er mal wieder intensiv seinen Bedürfnissen nachgehen konnte. Ich musste an seine Begeisterung denken, als er den Gutschein ausgepackt hatte. »Wow, ein Wochenende in den Bergen«, hatte er gesagt, mich fest an sich gedrückt und mir einen langen Kuss gegeben. »Das ist eine großartige Idee.«

Chris hatte sich auf das Wochenende gefreut und war gerne mit mir hierhergekommen. Aber er hatte offensichtlich andere Pläne als ich gehabt. Was bedeutete das für uns? Dass er mich nicht liebte, weil er lieber Fahrrad fuhr, als mit mir zu wandern? Oder dass ich Chris nicht liebte, weil es mich nicht interessierte, wie wichtig ihm sein Sport war? Wenn Chris der Berg war, dann musste ich seine Bedürfnisse anerkennen und respektieren – durfte meine nicht darüberstellen. Und das galt auch umgekehrt.

Meine Hände tasteten über den Stein, auf dem ich saß, und berührten die Inschrift.

»Hört, seht, fühlt – und ihr werdet verstehen.«

Auf einmal machte auch die gesamte Wanderung einen Sinn. Alles, was der alte Mann und ich gemeinsam erlebt oder worüber wir gesprochen hatten, bezog sich auf irgendeine Art und Weise auf diese Botschaft: Der kleine Bach, der Tisch und die Fliege, der Besuch bei Rosi. Ich musste Chris auf allen vier Ohren *zuhören*, ihn ohne Schablone im Kopf *ansehen* und seine Liebessprachen sprechen, um seine Liebe *fühlen* zu können.

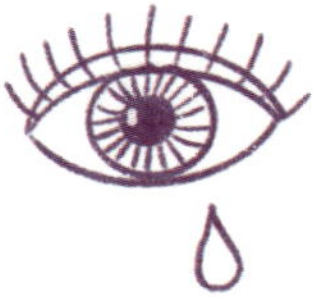

»Hört. Seht. Fühlt.« – Endlich verstand ich.

Der Schlüssel zur Liebe war unsere Wahrnehmung.

Es war so einfach …

Tränen rannen meine Wangen hinab. Tränen, die einen tiefen Schmerz aus mir herausspülten. Wie oft hatte ich mich die letzten Jahre zurückgewiesen gefühlt? Aber war es wirklich so gewesen?

HÖRT, SEHT, FÜHLT –
UND IHR WERDET
VERSTEHEN.

DAS RÄDCHEN IM UHRWERK

»Hier irgendwo muss es sein …«

»Wo denn?« Chris wippte ungeduldig auf und ab, während ich noch einmal die Karte studierte. Seit etwa einer Stunde suchten wir schon nach der Weggabelung, deren rechter Pfad zum Steinkreis führte. Die Luft war deutlich wärmer als am Tag zuvor, jedoch auf eine drückend schwüle Art, die mir leichte Kopfschmerzen bereitete. Und auch sonst war das Wetter nicht besser. Der Himmel war immer noch bedeckt, und über unseren Köpfen türmten sich dichte Wolken auf, deren Grauton sich in der letzten Stunde zunehmend verdunkelt hatte.

»Hier müssen wir lang«, sagte ich und deutete auf den Pfad direkt vor uns. In Wirklichkeit hatte ich keine Ahnung, wollte mir aber vor Chris keine Blöße geben. Kaum hatte ich die Worte ausgesprochen, setzte er sich schon in Bewegung. Während ich ihm folgte, betrachtete ich seine hochgewachsene Statur und seinen durchtrainierten Körper, den ich nach all den Jahren immer noch anziehend fand. Letzte Nacht waren wir wieder eins gewesen. Verschmolzen auf eine Art, die ich in den letzten Jahren oft schmerzlich vermisst hatte. Mit einer Nähe, die keiner Worte bedurfte. Und einer Wärme, in die ich mich einfach hineinfallen lassen konnte. In der ich mich aufgehoben und angenommen fühlte, so, wie ich war.

Als ich gestern Abend zur Hütte zurückkam, war Chris bereits da, was ich anhand seiner Fahrradklamotten, die draußen auf der Holzbank lagen, unschwer erkennen konnte.

Anders als am Morgen verspürte ich keinerlei Wut mehr. Bevor ich die Tür öffnete, atmete ich noch einmal kurz durch und nahm mir fest vor, unseren Streit zu beenden.

»Mensch, da bist du ja endlich«, schoss mir ein aufgebrachter Chris entgegen. »Ich habe dich schon x-mal angerufen, aber dein Handy war aus. Wo hast du denn den ganzen Tag über gesteckt?«

»Ich war wandern«, erwiderte ich, während ich meinen Rucksack von den Schultern streifte.

»So lange?« Über Chris' Nase thronten zwei strenge Steilfalten.

»Ich habe natürlich auch ein paar Pausen gemacht.«

»Warum hast du denn keine Nachricht geschickt? Ich habe mir schon wer weiß was ausgemalt.«

»Tut mir leid, ich wollte dich nicht beunruhigen«, entschuldigte ich mich mit einer Mischung aus schlechtem Gewissen und heimlicher Freude. Es tat gut, zu spüren, dass Chris sich Sorgen gemacht hatte. »Ich habe einfach mal ein bisschen Zeit für mich gebraucht.«

»Mach so was bitte nicht noch mal«, grummelte er, nach wie vor etwas verstimmt. Dann trat er auf mich zu, drückte mich fest an sich und gab mir einen Kuss auf die Wange. Er duftete nach Zitrone und Minze, und sein Haar war feucht. Offensichtlich war er eben erst aus der Dusche gekommen.

»Hattest du denn überhaupt Spaß?« Chris ließ mich wieder los und sah mich skeptisch an. »Bei dem miesen Wetter gab's doch null Fernsicht.«

Ich setzte mich auf einen der vier Holzstühle mit den eingeschnitzten Herzchen in der Rückenlehne, bückte mich und öffnete meine Schnürbänder.

»Es war großartig!«, antwortete ich und hörte selbst, wie die Zufriedenheit, die ich spürte, meinen Worten Ausdruck verlieh. Dann streifte ich meine Wanderschuhe ab, spreizte und krümmte meine Zehen und genoss das herrliche Gefühl, endlich die schweren Klumpen los zu sein.

»Schau mal«, sagte Chris und drückte mir etwas, das in eine kleine Papiertüte verpackt war, in die Hand. »Auf dem Rückweg bin ich an einem kleinen Hofladen vorbeigekommen. Die haben da ganz viel Selbstgemachtes.«

Ich griff in die Tüte und zog ein Glas Marillenmarmelade heraus. Im gleichen Moment wirbelten unzählige Gedanken und Gefühle hinterher. Chris hatte an mich gedacht. Er wollte mir eine Freude bereiten. Er hatte mir gerade in seiner Sprache eine Liebeserklärung

gemacht. Noch am Morgen hätte ich das alles nicht gesehen, die Botschaft nicht verstanden. Hätte wahrscheinlich gedacht: »Da wollte wohl jemand auf dem Rückweg schnell sein schlechtes Gewissen beruhigen.« Oder: »Was soll ich mit der blöden Marmelade? Stattdessen hätte ich lieber den Tag mit dir verbracht.« Doch jetzt empfand ich aufrichtige Freude. »Danke«, sagte ich gerührt und gab Chris einen Kuss auf den Mund. »Das ist total lieb von dir.«

»Ich dachte, die wäre vielleicht was für morgen zum Frühstück.« Chris grinste verlegen. »So wie damals, du weißt schon.«

»Was meinst du?« Ich hatte keine Ahnung, worauf er anspielte.

»Na ja, als so eine Art Versöhnungsmarmelade. Wie damals, nach unserem ersten Streit.«

Ich wusste immer noch nicht, was Chris meinte, und sah ihn irritiert an.

»Weißt du das wirklich nicht mehr?«, fragte Chris ungläubig. »Damals, in meiner Studentenbude, als wir uns zum ersten Mal so richtig gestritten haben und wütend nebeneinander eingeschlafen sind. Wobei, geschlafen habe ich in der Nacht nicht wirklich, aber egal. Auf jeden Fall bin ich doch am nächsten Morgen ganz früh los und habe dir Frühstück ans Bett gebracht.«

Dunkel waberte eine Erinnerung durch meinen Kopf. Und dann waren auch die passenden Bilder dazu da: Chris, der mit verstrubbeltem Haar vor seinem Ein-Meter-vierzig-Bett stand und mir zerknirscht ein Tablett unter die Nase hielt. Mit frischen Brötchen, Wurst, Käse, Eiern und einem Glas meiner Lieblingsmarmelade, die er extra nur für mich gekauft hatte, weil er selbst morgens nichts Süßes aß. Verziert hatte er das Tablett mit einer gelben Rose, die er aus dem Vorgarten seiner Nachbarin stibitzt hatte.

»Jetzt weiß ich wieder, was du meinst«, antwortete

ich überrascht und spürte dort, wo am Morgen noch der Wutknoten gesessen hatte, ein angenehmes Kribbeln in meinem Bauch, so als würden dort viele kleine Freudebläschen auf- und abtanzen. »Wie süß von Chris«, dachte ich gerührt.

»Aber jetzt erzähl mal, wie war's denn bei dir?«, fragte ich dann.

»Echt genial!« Chris' Augen glänzten wie die eines kleinen Jungen, dem das Christkind einen großen Bagger gebracht hatte. Nichts war mehr von der Distanz zu spüren, mit der er mich am Morgen auf Abstand gehalten hatte. »Als Erstes bin ich die blaue Piste runtergefahren ...« Seine Mountainbike-Geschichten hatten mich bisher nie interessiert. Am Tag zuvor noch hätte ich ihm nur mit halbem Ohr zugehört, während ich mit meinen Gedanken schon wieder längst woanders gewesen wäre. Ab und zu hätte ich vielleicht ein »Hm« als Bestätigung gemurmelt. Doch nun war es anders. Diesmal wollte ich ihm wirklich zuhören. Mit ehrlichem Interesse. Wie einem Freund.

»... und danach war ich echt richtig platt«, endete er ein paar Minuten später.

Wieder war ich überrascht. Chris hatte es tatsächlich geschafft, mich mit seiner Erzählung mitzureißen. Ich hatte die steilen Abhänge direkt vor mir gesehen, war zusammengezuckt, als er mir von seinem Überschlag auf der schwarzen Piste erzählt hatte (zum Glück trug er bei solchen Abfahrten immer seinen Fahrradhelm) und hatte mir vorgestellt, gemeinsam mit ihm im Sessellift zu sitzen und auf die Wipfel der Tannen hinabzublicken.

»Das klingt wirklich nach einem tollen Tag«, freute ich mich mit ihm. Inzwischen hatte ich meine Jacke ausgezogen, sie über die Stuhllehne gehängt und mir ein Glas Wasser eingeschenkt. »Da bekommt man direkt Lust, es auch mal zu versuchen«, fügte ich hinzu und trank einen Schluck.

»Echt jetzt?« Chris sah mich mit einer Mischung aus Unglauben und Begeisterung an. »Da gibt es auch eine Familienpiste für Anfänger. Die ist für Kinder ab zwölf Jahren, also total harmlos. Komm doch morgen mit, und wir leihen dir das nötige Equipment. Wir könnten dort gemeinsam runterfahren, danach mache ich noch ein paar schwierigere Abfahrten, und hinterher essen wir zusammen in der Hütte. Die haben echt Hammer Germknödel.« Chris' Blick hatte etwas Hoffnungsvolles.

Gestern hätte ich dieses Angebot noch ohne ernsthaft darüber nachzudenken abgelehnt und mich gefragt, was ich auf einer Mountainbike-Piste sollte. Und wahrscheinlich hätte ich mich auch darüber geärgert, dass er es in Erwägung zog, biken anstatt wandern zu gehen. Doch dieser Tag hatte etwas in mir verändert. War das nicht ein klares Angebot von Chris, Zeit mit mir zu verbringen? Er wollte mit mir zusammen sein, mir seine Welt zeigen, mich für seine Interessen begeistern. Ein warmes Gefühl durchströmte mich, und ich musste lächeln.

»Okay, ich versuche es«, antwortete ich. »Aber vorher will ich dir noch was zeigen.«

»Hier waren wir doch vorhin schon mal«, sagte Chris sichtlich genervt, als wir wieder an der Abzweigung ankamen, an der wir bereits vor etwa einer halben Stunde unschlüssig gestanden hatten. Tatsächlich, wir waren im Kreis gelaufen.

»Verdammter Mist!«, fluchte ich. Wieso fand ich diese blöde Weggabelung nicht wieder? In diesem Moment ließ auch der Himmel ein leises Grollen vernehmen. Die Wolkendecke über uns war inzwischen nicht mehr grau, sondern fast schwarz. Der Wind frischte auf und zog an meinen Haaren.

»Lass uns lieber umkehren«, schlug Chris mit skeptischem Blick gen Himmel vor. »Gleich gibt's ein Gewitter.«

»Wir müssen aber ganz in der Nähe sein«, beharrte ich.

»Das hast du vor über einer halben Stunde auch schon gesagt.« Chris' Augenbrauen zogen sich zusammen. »Es kann doch wohl nicht so schwer sein, die Karte richtig zu lesen.« Er blickte so mürrisch drein, als hätte jemand alle Freundlichkeit aus seinem Gesicht radiert.

»Ach, jetzt bin ich wieder an allem schuld«, dachte ich und spürte einen unangenehmen Druck hinter meinen Bauchnabel. »Dann mach du es doch!«, raunzte ich Chris an. Lauter und wütender, als ich es beabsichtigt hatte. »Mist«, dachte ich noch in derselben Sekunde. Doch es war schon zu spät. Chris' Züge hatten sich augenblicklich verhärtet. Statt zu antworten, sah er mich nur vorwurfsvoll an.

In diesem Moment krachte es über unseren Köpfen, und auch in mir schien plötzlich etwas zu explodieren.

»Hör auf, mich schon wieder so vorwurfsvoll anzusehen!«, schrie ich Chris an. »Ich halte das nicht mehr aus!«

Dann machte ich auf dem Absatz kehrt und rannte los.

»Warte!«, hörte ich Chris hinter mir rufen. Doch es war, als würden meine Beine nicht mehr meinem Willen gehorchen. Sie rannten und trugen mich fort. Bergab, durch den Nadelwald. Wieder krachte ein Donnerschlag durch die Luft, schien sich in den Bergwänden zu verfangen und von dort aus zurückgeschleudert zu werden. Gleichzeitig öffnete der Himmel seine Schleusen. Es prasselte und donnerte, binnen Sekunden verwandelten schwere Tropfen den Waldboden in einen glitschigen Schlitterpfad.

»Halt an!«, rief Chris, doch ich konnte nicht. Etwas in mir trieb mich fort. Fort von ihm. Von diesem Ort. Von uns. Ich übersah eine Wurzel, stürzte und schlug mir das rechte Knie auf. Etwas benommen rappelte ich mich wieder auf und rannte weiter. Ein gleißend helles Licht zuckte direkt vor mir durch die Tannen. Dann wieder tosendes Krachen. Panik wirbelte in mir hoch. Wie weit war es noch bis zur Hütte? Die Baumwipfel bogen sich im Wind, ihr Rauschen erinnerte mich an eine wütend aufbrausende Brandung. Grelles Licht. Lautes Krachen. Adrenalin. Und dann sah ich sie. Eine schmale Felsspalte zwischen zwei Tannen. Ich kletterte eine kleine Felswand hinauf, rutschte ab, versuchte es noch mal. Tatsächlich, ein schwarzes Loch klaffte vor mir auf. Eine Höhle. Geduckt, mit eingezogenem Kopf, tastete ich mich vorsichtig zwei Schritte vor, bis ich im Trocknen war. Dann sank ich erschöpft zu Boden und schloss die Augen.

Kurz darauf vernahm ich ein Keuchen. »Verdammt noch mal, was ist denn in dich gefahren?« Dann flammte ein Licht auf.

Ich öffnete die Augen und sah Chris. Mit seinem Handy leuchtete er in die Höhle hinein.

Ein Knall ließ uns zusammenfahren.

»Komm, schnell!« Chris schlüpfte an mir vorbei, und ich folgte ihm. Die Höhle, die sich vor uns auftat, war kaum größer als eine kleine Kapelle. Ihr Boden war mit Nadeln, Zweigen und vereinzelten Zapfen bedeckt. Die Luft roch feucht und moderig. Wieder glitt ich erschöpft zu Boden. Meine Haare und meine Hose waren klitschnass. Fröstelnd schlang ich die Arme um meine Beine.

Chris setzte sich neben mich auf den Boden und lehnte sich gegen die Höhlenwand. Obwohl er nur wenige Zentimeter von mir entfernt war, schien die Distanz zwischen uns riesig zu sein. Er lebte in seiner Welt. In seiner Realität. Ich in meiner. Er war so weit weg, als befände er sich in einer anderen Galaxie.

Wie hatte ich nur so naiv sein können? Wie denken können, dass ich die Lösung all unserer Probleme gefunden hatte? Den Schlüssel zur Liebe?

Was half all das Wissen, wenn es mir nicht gelang, es umzusetzen? Wie sollte ich, einem Zahnrad in einem Uhrwerk gleich, positive Veränderungen anschieben, wenn ich selbst immer wieder in die gleichen Fallen tappte?

Uhrwerk? Plötzlich zuckte ein Lichtstrahl durch meinen Kopf und erhellte eine dunkle Stelle.

Ich sah mich. Als kleines Mädchen. Zu Hause, im Bad meiner Eltern. Ich war etwa drei Jahre alt, stand am Waschbecken und betrachtete die weißen, nach Pfirsichseife duftenden Schaumbläschen auf meinen Händen. In meiner Fantasie war ich Viktoria, eine kleine Prinzessin, die in einem riesigen Schloss lebte. Als ich nach rechts zum Handtuchhalter griff, sah ich sie. Die Armbanduhr meines Vaters. Sie lag neben dem Waschbecken und glänzte silbern im Schein der Badezimmerlampe. Mein Vater hatte sie von seinem Großvater geerbt und mich mehrfach ermahnt, sie ja nicht anzufassen. »Das ist ein echtes Kleinod«, hatte er mit einer Mischung aus Stolz und Ehrfurcht in der Stimme gesagt und dabei zärtlich mit dem rechten Zeigefinger über das Zifferblatt gestrichen. Obwohl ich das Wort »Kleinod« nicht verstand, war mir die Wichtigkeit seiner Worte bewusst.

Und jetzt lag die Uhr da und glänzte wie ein wertvoller Schatz. Geradezu geschaffen für eine Prinzessin wie mich.

»Nur einmal kurz anfassen«, dachte ich und nahm sie in die Hand. Sie war viel schwerer, als ich es erwartet hatte. Ich hielt sie an mein Ohr und lauschte dem leisen »Tick, tick, tick«.

»Was tust du da?«, vernahm ich eine strenge Stimme hinter mir.

Erschrocken fuhr ich herum, und die Uhr glitt mir aus der Hand. Es klirrte, als das Glas die Steinfliesen traf. Dann sah ich die Augen meines Vaters. Traurigkeit und Enttäuschung spiegelten sich darin.

Wortlos machte er einen Schritt nach vorne, bückte sich und hob die Uhr auf.

»Sieh nur, was du angerichtet hast«, rügte er mich tonlos. Quer über das Glas zog sich ein Riss.

»Entschuldigung«, sagte ich beschämt und wollte meine Arme um seine Beine schlingen.

Doch mein Vater packte mich an den Oberarmen und schob mich von sich fort.

»Geh auf dein Zimmer!«

»Ich wollte sie nur ganz kurz …«

»Sei still!«, unterbrach er mich. »Ich will nichts hören.« Seine Gesichtszüge waren hart und undurchdringlich.

»Bitte, Papa …«, flehte ich mit bebender Unterlippe. Doch er wandte sich ab und verließ ohne ein weiteres Wort das Bad.

Beim Abendessen sprach mein Vater nicht mit mir,

und auch später kam er nicht wie üblich an mein Bett, um mir einen liebevollen Kuss auf die Stirn zu geben.

»Weißt du, mein Schatz«, versuchte meine Mutter, mich zu trösten, als sie abends auf meiner Bettkante saß und mir zärtlich über den Kopf strich, »dein Papa meint das nicht böse. Aber er ist sehr traurig, weil seine schöne Uhr kaputt ist. Sie braucht jetzt ein neues Glas und ist danach nicht mehr dieselbe, die sie einmal war.«

Doch ihre Worte halfen mir nicht. In dieser Nacht weinte ich mich in den Schlaf, gequält von der Sorge, mein geliebter Papa würde mir niemals mehr verzeihen. Ich fühlte mich verstoßen und so alleine, als hätte man mich mit einer Rakete ins Weltall geschossen.

Selbst am nächsten Tag behandelte mich mein Vater wie Luft, nahm mich nicht wie sonst, wenn er von der Arbeit heimkam, auf den Schoß, um mich durchzukitzeln. Erst am dritten Tag begann er wieder mit mir zu sprechen. Doch über das, was vorgefallen war, verlor er nie mehr ein Wort. Von da an war ich auf der Hut, versuchte, keine Fehler mehr zu machen. Denn die Angst, mein Papa könnte sich wieder von mir abwenden, hatte sich tief in mein Herz eingebrannt. Doch natürlich gelang es mir nicht, perfekt zu sein. Und auch später, wenn ich ihn enttäuschte, ging mein Vater zu mir auf Distanz, und ich hatte das Gefühl, dass die Liebe, die sonst in seinen Augen glänzte, erloschen war.

Während ich nun durchnässt und erschöpft in der

Höhle saß, fühlte ich plötzlich den Schmerz. Den Schmerz des kleinen Mädchens. So real, so echt. Ein Schmerz, der aus der Tiefe kam, schwarz und kalt. Der alles zu verschlucken drohte. Unheilvoll. Vernichtend.

Sie tat mir so leid, diese Kleine, und es tat so weh. Ich schluchzte, schlang die Arme noch fester um meine Beine und hatte das Gefühl, das kleine Mädchen zu umarmen. »Alles wird gut! Alles wird gut!«, sagte ich innerlich immer wieder, während ich die Kleine hin- und herwiegte. »Du bist noch klein, und du weißt es nicht. Aber ich bin groß, und ich habe inzwischen vieles verstanden. Dein Vater ist nur traurig und enttäuscht. Aber er liebt dich trotzdem. Du brauchst keine Angst zu haben. Er wird immer für dich da sein. Auch später noch, wenn du groß bist. Seine Liebe zu dir wird nie vergehen, selbst wenn er sie dir in Momenten der Enttäuschung nicht zeigen kann.«

Und dann spürte ich Chris' Arm, der sich um meine Schultern legte und mich fest an sich zog. Mir war, als hielten wir beide das Kind in mir fest.

WEITSICHT

Später, als das Unwetter immer noch toste, erzählte ich Chris von der Botschaft des Steinkreises. Er hörte mir aufmerksam zu, nickte hin und wieder, stellte aber keine Fragen. Mir selbst wurde in dem Gespräch einiges bewusst, was ich tags zuvor noch nicht verstanden hatte. Ich hatte meinen Berg im Nebel gefunden. Sobald wir stritten, ging Chris auf Distanz. Es war dann, als würde sich eine Glaswand zwischen uns schieben, und ich hatte in solchen Momenten das Gefühl, nicht mehr zu ihm durchdringen zu können. Das warf mich emotional in die schlimme Situation aus meiner Kindheit zurück, und ich fühlte mich wieder wie das hilflose kleine Mädchen von damals, das panische Angst davor hatte, nicht mehr von seinem Vater geliebt zu werden. Meine Angst davor, wieder zurückgewiesen zu werden, entlud sich als Wut. Allerdings war mir nicht klar, warum Chris so sensibel reagierte, wenn Streit aufkam. Vermutlich war genau das *sein* Berg im Nebel.

»Mir ist so vieles bewusst geworden«, endete ich

schließlich und legte meinen Kopf in seinen Schoß. »Ich weiß jetzt, dass es darauf ankommt, dem anderen auf allen vier Ohren zuzuhören, seine Realität anzuerkennen, seine Liebessprachen zu entschlüsseln … Dass wir uns sehen, hören und fühlen müssen, um uns zu verstehen.« Ich sah zu ihm auf, blickte direkt in seine dunklen Augen. »Aber etwas mit dem Kopf zu begreifen, ist nur die eine Sache.« Ich schluckte. »Worauf es wirklich ankommt, ist, dass wir unser Herz wieder öffnen und dass es uns gelingt, die Dinge auch umzusetzen. Und ich weiß nicht, ob ich das schaffen werde …« Wieder spürte ich Tränen in mir hochsteigen und vergrub mein Gesicht in seinem T-Shirt.

Chris erwiderte nichts. Stattdessen streichelte er meinen Kopf und küsste mich sanft im Nacken. Ich lauschte dem Tosen und Prasseln und genoss seine Nähe und Wärme. »Ich liebe dich«, war das Letzte, was ich dachte, bevor mir die Augen zufielen.

Als ich aufwachte, war ich für den Bruchteil einer Sekunde orientierungslos. Meine Knochen waren steif, meine Kleidung fühlte sich klamm an. Doch dann fiel mir mit einem Mal alles wieder ein. Die Suche nach dem Steinkreis, der Streit, das Unwetter. Ich hob meinen Kopf von Chris' Schoß und lauschte. Stille. Außer ein paar Vogelstimmen war nichts zu hören.

Für ein paar Sekunden betrachtete ich Chris, der schlafend an der Höhlenwand lehnte. Seine Züge waren weich, und er erinnerte mich an das Bild des kleinen Jungen, das zwischen den Fotos unserer Kinder auf der dunklen Kommode stand.

»Chris«, sagte ich und küsste ihn vorsichtig auf die Stirn. »Das Unwetter ist vorbei.«

Er blinzelte schlaftrunken.

»Komm«, sagte ich und folgte dem zarten Lichtstrahl, der auf den Boden des Höhleneingangs fiel. Dann trat ich ins Freie. Für einen Moment war ich geblendet, musste meine Augen schließen. Als ich sie wieder öffnete, sah ich sie – die Berge. Stark. Massiv. Unerschütterlich in ihrer ganzen Schönheit. Der Nebel hatte sie freigegeben.

Ich spürte, wie Chris neben mich trat, fühlte, wie sein Oberarm meine Schulter berührte. Schweigend standen wir da. Jeder für sich in diesen atemberaubenden Anblick vertieft.

»Lass es uns gemeinsam versuchen«, sagte er dann, und seine große, warme Hand umschloss meine.

DANKE

Ich gehöre zu den glücklichen Menschen, für die ein großer Traum Wirklichkeit wurde. Dies war nur möglich, weil es viele wunderbare Menschen gibt, die mich unterstützen – beruflich wie privat. Dafür bin ich von Herzen dankbar!

Ich habe eine großartige Agentur und einen ebenso großartigen Verlag, mit vielen sehr engagierten, sympathischen Mitarbeiterinnen und Mitarbeitern, die mein erstes Buch ›Der Wald, vier Fragen, das Leben und ich‹ mit Kompetenz und Herzblut begleitet und auch für dieses Buch wieder alles gegeben haben. Ihr seid ein großartiges Team, und ich könnte mir kein besseres wünschen!

Ich habe eine wundervolle Familie und großartige Freundinnen und Freunde, die mir mit Rat und Tat zur Seite stehen, mich anfeuern, mich feiern, mir geduldig zuhören, mich aufbauen, mir sanft und freundlich Fehler aufzeigen und immer an meiner Seite sind, wenn ich sie brauche. Ich danke euch, meine Lieblingsmenschen – ihr seid die Farbtupfer in meinem Leben!

Dann gibt es noch Menschen, die mich zum Nachdenken anregen. Diesmal waren es Prof. Friedemann Schulz von Thun, Gary Chapman und John Bradshaw, deren kluge psychologische Modelle mich unter anderem zu diesem Buch inspiriert haben. Auch ihnen möchte ich danken!

Herzlichen Dank sage ich auch allen BuchhändlerInnen, BloggerInnen und JournalistInnen, die meine Bücher auslegen und weiterempfehlen – denn ohne eure Unterstützung würden sie nicht diejenigen erreichen, für die ich sie schreibe.

Euch, liebe Leserinnen und Leser, gilt mein letzter und wichtigster Dank. Denn ohne euch wäre ich keine Autorin. Danke, dass ihr zu meinen Büchern greift, eure Herzen dafür öffnet und mir so viele wunderbare persönliche Nachrichten schickt. Es gibt für mich nichts Schöneres, als zu sehen, dass ich euch mit meinen Büchern erreichen kann.